KB209612

장사의 神에 투자하라

골목식당에
창업하지 말고

장사의 神에 투자하라

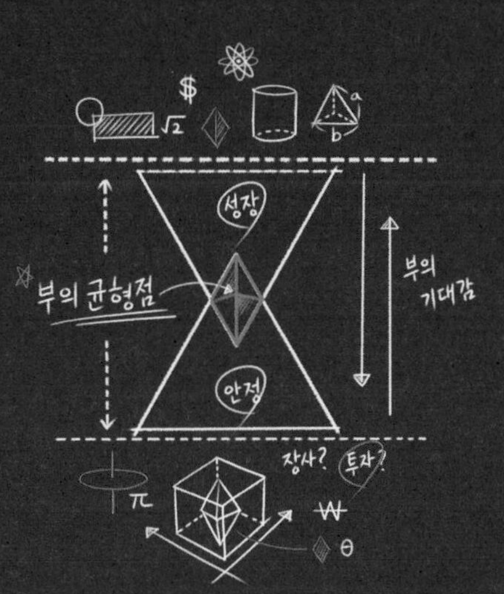

생존하는 전략은 오직
성공하는 장사에
투자하는 것이다

방수준
이승빈
인혜진
정주현

100만 원도 못 벌어
하루가 멀다 하고 들려오는 폐업 소식들

핵심 상권도 텅텅 비어 있는 참혹한 현실,
최악의 상황에서 살아날 희망은 있는가?

추천의 말

급변하는 환경에서 외식업을 한다는 건 정말 어려운 일이다. 이 일을 20년 이상 하면서 느낀 것은 보다 전문적이고 체계화된 시스템이 필요하다는 사실이다. 장사가 아닌 사업을 하기 위해서는 많은 사람들의 도움과 협업이 있어야 가능한 사회가 되었다.
그 와중에 굳이 내가 모든 것을 하지 않아도, 잘할 수 있는 사람에게 투자함으로써 더욱더 성장하고 성공할 수 있음을 배웠다.
이 책에서는 이와 관련한 모든 지식이 담겨 있다. 진정한 외식인으로서 나아가야 할 방향이 무엇인지 새로운 방법론을 제시한 방수준 대표와 임직원들의 용기와 도전을 응원한다.

피자알볼로 대표 **이재욱**

이 책에는 10년간 내가 홍대 일대에서 해왔던 외식업 투자 활동의 기록이, 마치 내가 직접 쓴 일기처럼 쓰여 있다. 나만의 노력이 담긴 나의 일기이니 당연히 나만 읽고 싶다. 그러나 절실한 누군가가 나의 외식 일기를 필요로 한다면 이 책을 대신 읽으라고 전하고 싶다.

외식업 전문 투자자 **최형진**

국내 유수 외식 프랜차이즈에서 기획실장으로 근무한 경험치와 푸드전문 액셀러레이터 대표로 활동한 공동 저자의 인사이트가 충분히 녹아 있다. 기술이 우위에 있는 투자 시장 영역에서 고정관념을 깨고 앞으로의 외식금융 미래를 대안으로 제시한 책이다.

씨엔티테크 대표 **전화성**

투자는 하지만 '투자'가 없던 외식산업이 이제는 진정한 '투자의 시대'를 맞이하고 있다. 글로벌 상장기업 스타벅스와 맥도날드, 국내 SPC 같은 대기업의 성장, 노티드도넛 브랜드의 유명 VC투자 사례는 그간 저평가되어온 한국 외식산업이 재조명될 수 있다는 희망을 말하고 있다.
컨설팅 전문가 집단으로 시작해 외식과 식품 분야를 잇는 획기적인 비즈니스 모델들을 구축하고 이제는 외식업 투자 시장으로까지 깊은 통찰과 혜안으로 파고들기 시작한 알파랩의 행보는 국내 외식산업의 판도를 긍정적으로 바꿔놓는 새로운 전략을 제시하고, 외식투자의 새 지평을 열 것이다.

교대이층집, 산청숯불가든 대표 **김슬기**

외식업의 본질을 뚫고 있는 외식 성공 비지니스의 길라잡이!
이 '외식업에 투자하는 사람들'은 결국은 살아남아 성장하는 외식업에 대해 무수히 많은 전략을 제시하고 있다. 성공할 외식업 운영자에게 투자는 필수다. 더불어 투자를 고민하는 투자자들에게 외식업은 선물이다. 투자자와 자영업자 사이의 관계가 풍부한 시너지를 발휘하여 외식업 발전에 큰 기여가 되기를 바란다.

오봉집 대표 **안광선**

외식업은 수많은 사람들이 도전하지만, 성공하기는 쉽지 않은 영역이다. 그럼에도 불구하고 이 책은 외식업을 통해 지속가능한 부를 쌓는 방법과 성공의 기회를 정확히 설명하고 있다.
나는 '옥된장'이라는 브랜드를 운영하며 많은 시행착오를 겪었고, 그 과정에서 이 책이 제시하는 투자와 성장의 전략이 얼마나 중요한지 깊이 공감하게 되었다. 외식업에 종사하는 모든 이가 성장을 나누는 방식으로 투자를 생각하고 비전을 세울 수 있기를 기대해본다.

옥된장 대표 **조영훈**

정말 아이디어와 열정이 대단한 회사다. 브랜드의 성공과 실패를 모두 겪어보며 깨달은 것은 외식업은 종합 예술의 극치에 이르러야 한다는 사실이었다. 예술의 경지로 올리는 것은 몰입도 높은 열정과 창의력이다. 알파랩이 만들어가는 외식산업의 도착점은 문화와 역사가 될 것이다.

팔색삼겹살 대표 **강민서**

프랜차이즈 본사들과 외식업 투자자를 위한 필독서! 이 책을 읽다 보면 매장에서 판매하는 것으로만 성장해온 외식업의 과거 성장 방식에 심각한 질문을 던지게 된다. 안정적 소득 창출부터 성장형 투자까지 다양한 전략과 지침을 한 권에 담아, 성공을 위한 투자 로드맵을 제공한다.

미카도스시, 탄광맥주 대표 **고영호**

차례

Part 1.
투자의 안목을 다시 틔워라

Part 2.
영세한 창업자 말고, 단단한 부를 거머쥔 투자자 되기

Part 3. 이제는 기업가형으로 투자받아야 할 시기

Part 4. 외식업 투자 시장이 바꿀 미래

프롤로그

불황 속 투자로 웃는 사람들

스타벅스 DT점에 투자하고 있는 직장인 지인이 내게 말했다. 자신의 투자 방식은 '위험 없는 높은 수익'을 얻는 것이라고. 스타벅스 DT점은 기본 수익 모델 방식이 있고, 더불어 부동산 개발에서 높은 수익을 얻는 것을 근간으로 삼는다. 거기에 외식 콘텐츠, 즉 스타벅스라는 외식 브랜드를 넣어 운영수익을 극대화하고, 10~15년의 장기계약을 통해 만에 하나 있을지도 모를 임차인 공실 리스크에 대한 손실을 방지하는 방식이다. 고로 스타벅스에서 제시하는 점포계약서는, 흡사 이자 리스크나 매각 리스크를 없애고 부동산 개발수익을 얻게 만드는 무위험 기초자산을 포함하는 것이다.

스타벅스 DT의 투자 모델을 본질적으로 접근해보자. 외식 사업자가 노동으로 만들어내야 하는, 가장 부가가치가 낮은 이득은 '근로소득'이다. 스타벅스 DT는 이 근로소득을 스타벅스 본사에 위탁한다. 그리고 이를 '투자소득'과 '사업소득'의 중간 구조로 전환시킨다. 지금은 이 말이 어떤 의미인지 정확히 알 수 없을 것이다. '투자소득'과 '사업소득'의 중간 구조란 외식사업 투자 모델이 지니는 독특한 형태로, 이에 대해 앞으로 이 책에서 설명해나갈 것이다. 이때부터는 직장인의 재테크 시장을 넘어선 영역이 된다.

중간 구조의 투자 모델로 전환되고 나서는 부동산개발(시행)을 근간 삼아 고부가가치를 내는 전문 '투자소득' 시장 내지는 '사업소득' 투자의 영역으로까지 참여자들을 이끈다. 최근 외식업의 형태는 사업소득으로 수익을 얻어야 할 자영업들이 오히려 근로소득으로 생산활동을 영위해가며 운영이 영세해져 가는 상황이다. 또한 임차인들의 외면으로 부동산 개발 투자자들이 더 이상 높은 수익을 담보할 수 없게 되었다. 이러한 상황에서 투자소득, 더 나아가 사업소득 투자의 영역으로 한 단계 더 나아갈 수 있는 이 중간 구조의 투자 모델은 저성장 경제시대의 도래 앞에 시사하는 바가 크다.

콘텐츠의 시대가 도래했다고 말한다. 이제 부동산 건물주들은 더 이상 절대적 갑이 아니다. 부동산과 주식 등의 재테크 시장도 녹록하지 않다. 그리고 비상장 스타트업 주식에 투자하여 간접적인 사업소득을 맛봤던 전문 투자자들도 고성장에 베팅하지 못하고 있다. 하지만 자본시장의 절대 요소는 결코 바뀌지 않는다. 바로 돈이다. 투자는 이 돈을 조달하는 수단이다.

이러한 상황 속 미래시대의 변하지 않는 헤게모니가 또 있다. 바로 지식과 정보다. 재테크 시장은 보편적 투자 시장이긴 하나 더 이상 큰 수익을 만들기 어렵고, 자영업은 누구나 참여할 수 있으나 눈에 띄는 사업소득을 만들지 못하는 상황이다. 우리가 큰 수익을 얻는 길은 지식과 정보를 활용한 투자의 기회를 잡는 것이다. 투자 위험을 헤지Hedge하는 수단이 정보이기도 하다.

'배달의 민족'에 투자한 고소득 전문가들과 그 투자를 운용하는 전문 투자자들이 웃고 있는 이유, 스타벅스 DT점을 개발하여 이런 투자시장에서도 위험이 없는 투자소득을 얻어 웃고 있는 직장인들이 존재하고 있는 이유는 바로 이 배타적인 지식과 정보로 기회를 얻었기 때문이다.

절대 망하지 않는 외식업에 투자하여 성공하는 '외식업에 투자하는 사람들'이 있다. 그리고 외식업이지만 투자를 받아 성장하는 기업들이 있다. 이들에 대한 이야기가 책을 읽는 당신에게도 성공을 만들어주기를 진심으로 기원한다.

장사의 神에 투자하라

Part 1

투자의 안목을 다시 틔워라

장사의 神에
투자하라

자영업에서 안정성을 높이려면, 성장 동력을 찾아야 한다. '위기는 곧 새로운 성장의 기회다.'라는 말이 있듯이, 대전환의 시대 혹은 격변의 시대에 맞게 끊임없이 노력하며 경쟁력을 키워나가야 한다.

그럼 이들이 안정적으로 성장하기 위해서는 어떻게 해야 할까?

가장 좋은 투자란 무엇일까?

당신이 일을 하는 이유는 무엇인가?

두 번 물을 것도 없이 단연 '돈'이라 답할 것이다. 돈을 벌고자 취업을 위해 공부를 하고, 돈을 벌기 위해 회사를 다니고, 자기가 하고 싶은 것을 하며 돈을 벌기 위해 창업을 하고, 은퇴 후에도 돈을 벌기 위해 자영업에 뛰어든다. 이렇듯 사람들은 모두 돈을 벌기 위해 노력하며, 그 부를 얻고자 경제활동에 참여한다. 이 활동을 통해 우리는 소득을 얻는다. 일반적으로 '소득'이란 생산자원을 판매한 대가로 받는 것이다. 여기서 생산자원이란 노동력이나 돈, 건물, 땅 또는 경영능력 등과 같이 생산에 필요한 요소로, 우리에게 소득을 가져다주는 원천을 말한다. 이에 따라 소득을 3가지 종류로 구분할 수 있다.

먼저, 근로소득은 가장 기본적인 소득 형태다. 사람이 노동력을 제공하며 직접적으로 얻는 것으로, 대부분의 사람이 처음 경제활동을 시작할 때 얻는 소득의 출발점이라고 할 수 있다. 근로소득은 안정적이고 정기적이라는 성질이 있다. 그렇기에 경제적 기반을 마련할 수 있지만, 그만큼 노동력에 직접적으로 의존하기 때문에 제공하는 노동의 양과 질에 따라 소득이 제한적일 수 있다.

근로소득을 바탕으로 사람들이 소득의 일부를 투자에 활용하면, 이때 투자소득이 발생한다. 투자소득은 근로소득에서 파생된 자본을 이용하여 자산을 투자하고 그로부터 이자, 배당금, 임대료 등의 수익을 얻는 형태다. 투자소득은 노동력을 직접 투입하지 않아도 된다는 점에서 근로소득보다 한 단계 발전된 개념이다. 이는 자본을 활용하여 소득을 창출하는 방식으로, 자산 운용 능력과 시장 상황에 따라 그 규모가 결정된다.

마지막으로, 사업소득은 근로소득과 투자소득을 모두 활용하여 더 큰 이익을 창출하는 소득이다. 사업소득은 우리가 가진 노동력과 자본을 결합해 특정한 활동을 할 때 발생하는 것으로, 근로활동과 투자의 개념이 모두 포함된 종합적인 소득이다. 이는 앞서 언급한 2가지의 소득 형태보다 더 큰 규모의 부를 창출할 수 있는 가능성을 제공한다.

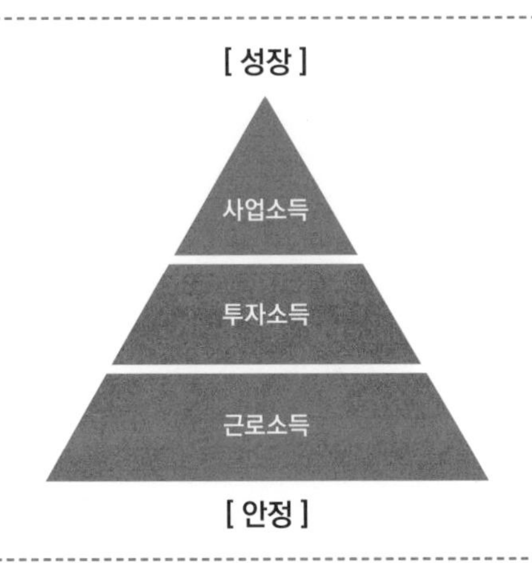

[자료 1] 안정·성장 기반 소득

다시 말해 근로소득이 경제활동에서 가장 안정적인 장치이지만 유한한 범위 안에서만 부를 얻을 수 있다면, 사업소득은 도전적이고 위험성이 큰 만큼, 부의 확장 가능성이 가장 큰 소득이라고 할 수 있다. 이에 대다수 평범한 사람들은 근로소득을 통해 기본적인 부를 창출하고, 그 일부를 확장하고자 투자소득을 선택한다. 다만 투자는 '대상'과 '수단'에 따라 그 위험도와 수익률이 크게 달라지므로, 투자를 시작하기 전 우리가 어디에 어떤 방식으로 투자할 것인지에 대한 명확한 이해가 필요하다.

안정과 성장을 기반으로, 투자의 대상과 수단에 따라 자영업, 스타트업, 재테크, 전문투자, 이렇게 4가지의 분면으로 나누어 살펴볼 수 있다.

	안정	성장
투자 대상	자영업	스타트업
투자 수단	재테크 (주식, 부동산, 가상화폐)	전문투자 (AC, VC, PE)

[자료 2] **안정 및 성장 기반 투자**

이처럼 우리는 안정과 성장의 측면에서 부를 바라보며, 위험도는 낮추고 수익률은 높일 수 있는 가장 종합적이고 이상적인 균형을 추구한다. 그 균형점은 창업자의 역량과 사업 전략에 따라 근로소득, 투자소득, 사업소득을 모두 영위할 수 있는 영역의 소득 수단을 의미한다. 자영업을 벗어나지 않으므로 근로소득에 가까운 사업소득을 얻을 것이다. 또한 가족과 지인 위주의 투자를 받아 가게를 내어 누군가의 투자소득을 창출해줄 것이다. 마지막으로 매장을 확장해나가는 프랜차이즈 등의 사업을 통해 사업소득의 길로 들어선다.

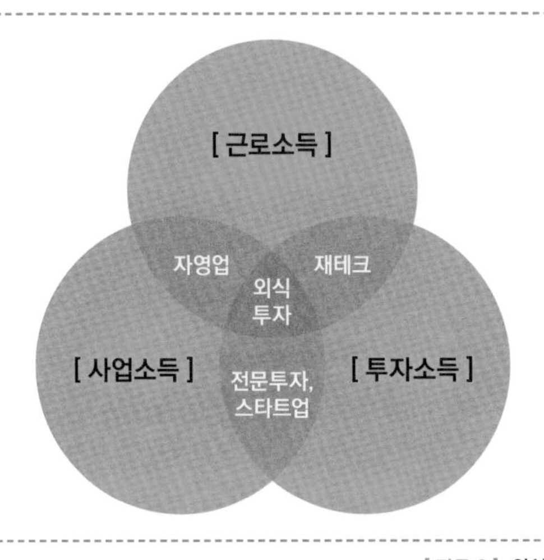

[자료 3] 외식투자 벤다이어그램

위 그림은 우리가 본격적으로 다룰 '외식 투자'라는 가장 종합적이고 이상적인 균형점을 나타낸다. 이번 1부는 안정과 성장 측면에서의 투자 대상 및 수단, 그리고 이 안에서 이루어지는 균형점에 우리가 왜 주목해야 하는지 이야기하고자 한다.

자, 이제 최적의 투자 선택지를 찾기 위한 여정의 준비가 되었는가?

안정성 높은 투자대상:
현재에 집중하는 자영업

자영업은 대표적인 생활밀착형 업종 중 하나로, 항상 수요가 존재하며, 즉각적으로 매출이 발생하는 것이 가장 큰 특징 중 하나다. 말 그대로 사람들의 생활에 밀착된 서비스를 제공하는 것이 '자영업'이기 때문에, 자영업은 하루 그리고 월 단위로 매출이 지속적으로 발생한다. 그래서 극초기를 제외하고 영업이익을 만들어내지 못하는 자영업은 운영할 필요가 없다. 이에 자영업은 최단기간 내에 매출을 올리고 이익을 발생시키기 위해, 복잡하지 않으면서 이미 잘 알려진 사업 모델을 가지고 출발하는 경우가 많다. 바로 실패 확률을 최소한으로 줄일 수 있도록 고객이 많이 방문하고 운영이 잘 되는 매장을 벤치마킹하여 성공 확률을 단숨에 올려버리는 것이다.

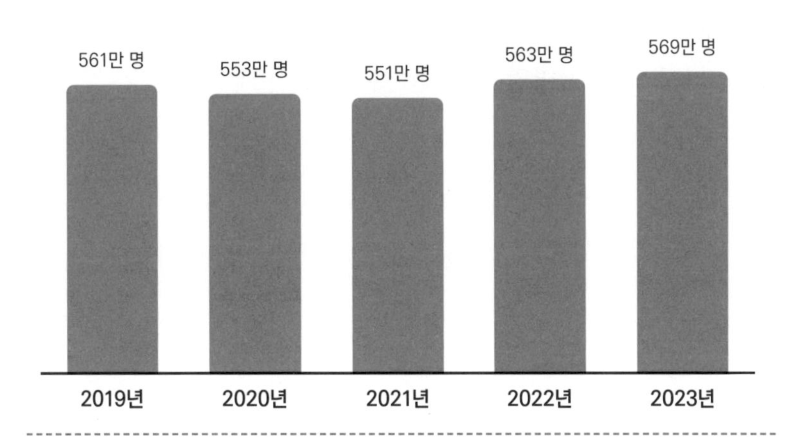

[자료 4] 국내 자영업자수 추이(출처: 통계청)

통계청에 따르면, 2023년 기준 우리나라 자영업자는 569만 명으로 전년 대비 6만 명가량 증가했다. OECD의 '자영업자 비율self-employment rate*'을 살펴보면 2022년 전체 취업자 중 자영업자가 차지하는 비율은 24%로 4명 중 1명꼴이었다. OECD 기준 7번째로 자영업의 비중이 높은 나라로 꼽힐 만큼 한국은 유독 자영업자가 많다. 그렇기에 자영업 시장은 넓고 탄탄하다고 말할 수 있다.

그렇다면 약 570만 명의 자영업자들은 어떤 목적을 가지고 창업에 뛰어들까? 이들에게는 매달 정기적으로 나오는 돈이 가

* 자영업자+무급가족종사자(같은 가구 안에 있는 자기 가족의 구성원이 경영하는 사업체에서 일정한 보수 없이 적어도 주당 18시간 이상 일한 사람).

장 중요하다. 이는 단기적인 현금유동성을 최우선으로 생각하고 있음을 의미한다. 즉 자영업에게 가장 큰 목적은 수익이라는 말이다. 다시 말해 자영업 시장 안에는 투자의 대상이 되는 자들이 많고, 이들 대부분이 경영의 안정성을 추구하기 때문에 위험성이 낮아 투자 매력도가 높다.

하지만 역설적이게도 자영업에는 아무도 투자하지 않는다. 왜 그럴까?

난립하는 자영업, 높아지는 폐업률

한국의 자영업 시장은 냉정히 말해 질적으로 매우 떨어진다. 국내 자영업은 별다른 규제라고 할 게 없을 정도로 창업자의 자질이나 능력을 평가하지도, 자격을 심사하지도 않는다. 더 큰 본질적인 문제는 대부분의 자영업이 비기술성을 기반으로 한다는 것이다. 쉽게 말해 기술을 보유하지 않은 채 무작정 창업에 뛰어드는 생계형이라는 특징이 있다. 특별한 역량이 없어도 창업을 할 수 있다 보니, 누구나 쉽게 진입할 수 있는 시장이 되어버렸다.

우리나라 자영업의 72.5%가 6개월 미만의 준비기간을 거쳐 창업에 도전한다. 이들의 평균 창업 준비기간은 9.5개월(2023년 소상공인 실태조사, 통계청)로, 다른 나라에 비해 매우 짧은 편이다. 실제로 미국과 일본의 경우, 최소 1년에서 3년까지의 창업 준비

기간을 갖는다. 특히 100년 이상의 장수 점포가 많은 일본에서는 자신만의 오리지널 상품을 만들기 위해, 기술을 개발하는 데에만 몇 년씩 시간을 들이는 사람들이 많다. 그래서 이들에게 자영업은 손쉬운 분야로 여겨지지 않는다. 오랜 기간 철저한 준비 과정을 거쳐, 전문적으로 창업하기 때문이다. 우리나라처럼 벼락치기식으로, 생계를 위해 빠르게 창업하는 사례는 찾아보기 힘들다.

이로 인해 몇몇 자영업자를 제외하곤 벤치마킹을 넘어 성공한 사업을 그대로 복제하는 '카피캣'이 난립한다. 특히 유행 아이템의 표절 문제는 업계에서 해묵은 골칫거리이기도 하다. 실제로 특정 음식이 사람들에게 인기를 끌면 그 메뉴명이나 조리법을 거의 그대로 따라하는 미투 브랜드가 우후죽순 등장하는 모습을 볼 수 있는데, 이는 자영업의 유행 사이클이 빨라지도록 만드는 원인이 된다.

이러한 유행 사이클은 자영업 폐업에 가속도를 더한다. 자영업의 폐업률은 나날이 높아지고 있다. 통계청에 따르면, 2023년에 폐업 신고를 한 사업자는 무려 98만여 명에 달한다. 재작년보다 12만 명 늘어나, 2006년 통계 집계 후 가장 많은 숫자를 기록했다. 자영업의 폐업률은 9.5%에 달해, 10곳 중 1곳이 폐업하고 있다.

진입이 쉬운 만큼 사업을 키우거나 위기를 극복할 노하우가 적어 환경과 경제 상황 변화에 쉽게 휩쓸리는 것이다.

벼랑 끝에서 살아남을 전략, 브랜딩

국내 자영업은 다산다사多産多死의 상황에 놓여 있다. 이런 세상 속에서 자영업은 어떻게 해야 살아남을 수 있을까? 치열해진 경쟁 환경은 자영업 경쟁력 약화의 원인 중 하나다. 그만큼 자영업 경쟁력의 중요성은 아무리 강조해도 지나치지 않는다.

자영업자는 시작하기 전에 자신의 고객들이 어떤 부분에 관심을 갖고 가치를 느끼는지 분석하고 그에 따라 비즈니스 설계 방향을 다양화하고 다각화해야 한다. 또 상품력 유지와 지속성, 가치 및 비교 불가의 가성비, 충성 고객의 극대화 등을 통해 자영업이 오래 살아남을 수 있음을 명심해야 한다.

경쟁력 강화의 원천이 되는 것 중 하나는 브랜딩 전략이다. 고객들은 점포 상호나 슬로건, 파사드나 캐릭터, 메뉴만 보고도 그 가게를 알아보며 그곳의 특징을 인식하기도 한다. 단순히 제품이나 서비스만 제공하는 데서 나아가 고객들에게 특별한 경험을 제공하는 것은 좋은 브랜딩 전략의 중요한 요소다. 특별한 이벤트나 서비스를 도입해 고객들이 브랜드에 감정적으로 연결될 수 있도록 유도한다면, 고객들이 브랜드를 기억하고 방문하는 데 큰 도움이 된다.

을지로에서 타코 하나로 젊은 층의 마음을 사로잡은 '올디스 타코'는 대표가 어린 시절 미국을 여행하며 얻은 경험과 관련 영화를 결부시켜 가게의 공간을 구현했고, 이곳에서 특별한 에너지를 체험할 수 있게 함으로써 고객에게 신선하면서도 재미있는 경험을 제공했다. 이런 경험을 겪은 고객들 사이에서 자연스럽게 입소문이 퍼져 브랜드에 좋은 브랜드 이미지가 구축되어 연일 오픈런을 이루는 성공한 자영업의 사례로 남았다.

브랜드와 지역 커뮤니티의 연계를 강화하고 협업을 적극 추진하는 것도 매출을 증대시키는 좋은 브랜딩 전략이다. 아티스트나 작가, 기업과 다양하게 협업이 이루어지면, 각 브랜드는 서로 유리한 파트너십을 형성할 수 있고, 이로써 고객에게 제공할 수 있는 서비스와 혜택은 다채로워진다. 서울 3대 목살집으로 유명한 '꿉당'은 협업 이벤트가 매우 활발한 자영업 브랜드다. 호텔 서울드래곤시티의 루프탑 다이닝 공간 '카바나시티'에서 꿉당의 메뉴를 선보였고, 편의점 'CU'에선 꿉당 메뉴를 활용한 삼각김밥, 도시락 등의 RMR 제품**을 판매했다. 현대식품관 '투홈'과도 협업하는 등 다양한 브랜드 간 소통을 잇고 있다.

이러한 성공 사례들처럼 자영업은 자신만의 경쟁력을 키워야만 벼랑 끝에서도 살아남을 수 있다. 자영업은 상대 가치가 아닌 비교불가의 가치를 창출할 수 있어야 한다. 그래야 그 생명 사이클이 길어지고 경쟁력을 더 높일 수 있다. 자신이 제공하는 것의 가치를 높이는 것, 바로 시장 경쟁력의 우위를 확보할 수 있는 방법이다.

** 쉽게 말해 레스토랑 제품을 상품화한 것.

격변의 시대, 자영업의 안정적 성장

현재에만 집중하는 자영업은 생계를 유지하기가 매우 힘들다. 그럼에도 불구하고 자영업으로 진출하는 수는 줄지 않고 있다. 문 닫은 업체 수만큼 매년 새 업체가 생기다 보니, 자영업은 말 그대로 '모래탑 쌓기'와 다름없어졌다.

안정적이라고 말하지만, 사실 역설적으로 불안정한 시장이 자영업이었다. 그럼에도 불구하고 사람들은 자꾸만 자영업을 하려고 한다. 돌고 돌아 진입장벽이 낮은 곳으로 들어가게 되는 것이다. 쉽게 시작할 수 있지만, 쉽게 성공할 수는 없다.

자영업 성공의 키워드는 '성장'이다. 자영업은 '성장'해야만, 미래에도 생존할 수 있다. 변화하는 시장에 맞춰가지 않는다면, 안정을 유지할 수 없다. 반대되는 말로 들릴 수 있지만 사실 자영업에서 안정성을 높이려면, 성장 동력을 찾아야 한다. '위기는 곧 새로운 성장의 기회다.'라는 말이 있듯이, 대전환의 시대 혹은 격변의 시대에 맞게 끊임없이 노력하며 경쟁력을 키워나가야 한다.

그럼 이들이 안정적으로 성장하기 위해서는 어떻게 해야 할까?

성장성 높은 투자대상: 먼 미래를 바라보는 스타트업

자영업과 스타트업은 창업이라는 개념을 공유하지만, 우리는 이 둘을 매우 다르게 인식하고 있다. 과연 자영업과 스타트업은 무엇이 다를까?

당장의 생계를 중요시하는 자영업과 달리, 스타트업은 먼 미래에 큰돈을 버는 것이 더 중요하다. 이를 위해서 스타트업은 기술 개발에 투자하고, 파트너와 강력한 네트워크 관계를 구축하거나 제품 또는 서비스 제공을 최적화하여 자신들의 미래 가치를 향상시킨다. 스타트업은 점진적으로 지속가능한 비즈니스를 구축하는 데에 중점을 둔다. 그래서 시간이 지남에 따라 성장량이 급격히 늘어나는 성장 형태를 보인다. 스타트업의 성장 전략은 곧 생존 전략이다. 미리 계획을 세워 업계 동향이 어떻게 변하는지 예측하고, 이에 따라 전략을 조정하곤 한다. 변화와 대응을 통해 스타트업은 경쟁 우위를 유지하고 새로운 성장의 기회로 활용할 수 있다.

위기에 쉽게 대응하는 스타트업들

실제로 우리가 익히 아는 스타트업들도 유연하게 피보팅Pivoting*하며 위기에 대처해왔다. 배달 플랫폼계 1위 자리를 굳건히 지키고 있는 '배달의 민족'은 국내 IT업계의 대표적인 피보팅 성공 모델로 꼽힌다. 이들은 처음엔 114와 같은 전화번호 소개 앱으로 시작했지만 적은 인원으로 데이터베이스를 구축하기가 쉽지 않아 사업 방향을 바꾸는 피보팅을 선택하게 됐다. 모든 전화번호 DB를 모으는 대신 '음식점'으로 DB 영역을 좁혔고, 여기에 주문과 배달이라는 새로운 아이디어를 추가하여 현재의 모습으로 성장시켰다. 그때 그 순간 과감한 뒤집기를 시도하지 않았다면, 재빠르게 태세 전환을 하지 않았다면, 오늘날 그들의 성공신화도 만들어지지 않았을 것이다.

모바일 부동산 플랫폼으로 시작한 '직방'은 시장 조사를 통해 고객들이 더 많은 정보와 서비스를 원한다는 것을 발견했다. 이

* 시장 상황의 변화나 흐름에 따라 기존 사업 모델을 포기하거나 근본적인 사업 모델의 방향을 전환하는 것.

를 기반으로 부동산 정보뿐만 아니라 인테리어, 이사, 보증금 대출 등 다양한 부동산 관련 서비스를 함께 제공하며 성공을 거두었다.

이처럼 유연하게 피보팅 등을 통해 환경에 대응하고 있는 스타트업은 평균 수명이 길다. NVCA National Venture Capital Association와 PwC Pricewaterhouse Coopers의 보고서에 따르면, 스타트업의 평균 수명은 약 7년이다. 이는 자영업의 평균 사업기간인 4년 7개월과는 확연히 비교된다. 이러한 사실 때문에, 많은 투자자들이 스타트업에 희망을 갖고 계속 투자한다. 이들이 투자하는 이유는 어쩌면 사업 아이템 그 자체가 아닌 사업에 대한 구조와 역량이라고 볼 수 있다.

높은 잠재력, 그만큼의 리스크

물론 모든 스타트업이 성공할 수는 없다.

스타트업은 종종 '적자 성장' 방식을 채택한다. 적자 성장이란 초기에 수익을 내지 못하고 적자를 보더라도 장기적인 성장을 목표로 하여 공격적인 투자와 확장을 지속하는 전략을 말한다. 이런 전략은 시장 점유율을 빠르게 확대하고, 이후에 큰 수익을 창출하기 위한 기반을 다지는 데 중점을 둔다는 특징이 있다. 사업 초기 막대한 비용과 투자를 감수하며 수익성보다는 시장 진입과 확장에 집중하다 보니, 당연히 이 방식은 높은 위험을 수반할 수밖에 없다. 성공한다면 큰 이익을 얻을 수 있지만, 실패할 경우에는 심각한 재정적 손실을 입을 수도 있다.

실제로 '오늘회'라는 기업은 신선한 해산물을 당일 배송하는 서비스로 주목받았으나, 결국 서비스를 중단하게 되었다. 해산물 당일 배송을 위한 물류센터 고도화 등에 자본과 투자금을 모두 투입하면서, 실질적인 수익을 내지 못했기 때문이다. 결국 매출은 성장했지만 비용 지출도 급증해 지속적인 적자에 머무는 결과를 얻게 됐다.

이는 스타트업이 내포한 리스크를 명확하게 보여주는 사례다. 스타트업은 높은 잠재력을 지니고 있지만, 그만큼의 위험도 있는 도전적인 사업 모델임을 명심해야 한다. 그리고 이러한 실패 사례들이 쌓이면서, 최근 투자자들 사이에서는 스타트업 투자에 대한 신중함이 커지고 있다.

2023년 스타트업들이 유치한 투자금은 2022년의 절반 이하로 급감했다. 스타트업 민간 지원기관인 '스타트업 얼라이언스' 보고서에 따르면, 2023년 공개된 스타트업의 투자 유치 건수는 1,284건, 투자 유치금은 5조 3388억 원으로 집계됐다. 2022년 실적과 견주어봤을 때, 투자 건수는 27.3% 줄었고, 특히 투자금은 52.1%나 감소했다. 이처럼 스타트업이 투자 혹한기를 겪고 있는 이유는 투자자들이 보다 안정적인 수익 모델을 가진 기업을 선호하게 되었기 때문이다.

투자자들은 이제 단기적인 성과와 리스크 관리에 점점 더 집중하고 있으며, 이는 스타트업들이 자금 조달에 어려움을 겪는 원인 중 하나가 되기도 한다. 적자 성장 전략이 반드시 나쁜 것은 아니지만, 이 전략을 성공적으로 수행하려면 더욱 철저하게 가시성 있는 계획을 세우고 리스크 관리를 행해야 한다는 것이다.

제대로 대비책도 세우지 않은 채 적자 성장 전략을 택하고 이렇게 하면 '될 것이다' 하는 어렴풋한 미래상으로 사업을 키운다면 파도가 들이치는 해변에 모래성을 쌓는 식의 위태로운 성장에 그칠 뿐이다.

2022-2023년 투자 건수 및 투자 유치 금액

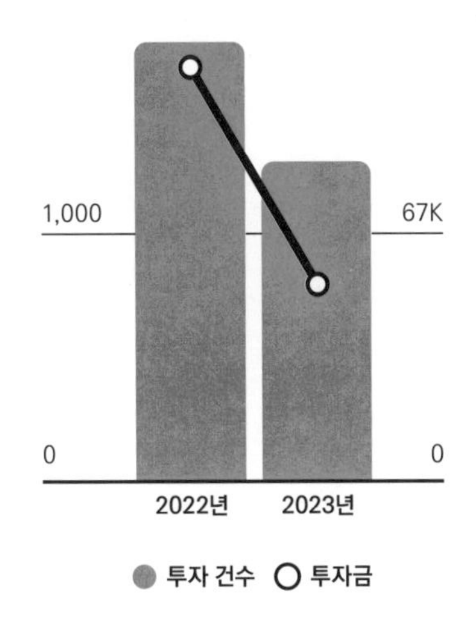

[자료 5] 스타트업 투자 동향(출처: 스타트업얼라이언스)

성장하려면 안정도 함께 갖춰야 한다

이런 상황이 계속된다면, 결국 스타트업은 성장도 하지 못하고 지속적인 적자가 발생하는 상황에 놓인다. 그러므로 스타트업이 꿈꾸는 '성장'을 이루기 위해선 '안정'이 함께 동반되어야 한다. 스타트업에 최소한의 안정성이 생길 때, 투자하는 사람이 많아지고 이들도 비로소 성장할 수 있게 된다.

최근 스타트업 투자 시장을 보면 투자자들은 매출 혹은 흑자 기업에 '안정'적으로 투자하길 희망한다. 고금리 환경이 지속됨에 따라 전체 투자 시장이 경색되어 투자 리스크가 큰 스타트업을 향해서는 좀처럼 투자에 나서지 않는 것이다. 이처럼 투자 시장이 경색되면 자칫 스타트업 창업의 활력이 꺾인다. 현 상황이 지속된다면, 창업 생태계 자체가 크게 위축될 수 있다는 뜻이다.

이를 막기 위해서는 '성장'을 기대하는 스타트업이 자신들의 자생력自生力을 좀 더 높여 '안정'을 갖추어야 한다. 그래서 요새는 투자를 받기 위해 흑자 전환으로 수익성 증명에 나서는 스타트업들이 늘어나고 있다. 여행 플랫폼 '마이리얼트립'은 2023년 7월 처음으로 손익분기점을 넘겼으며, 세금 신고·환급 도움 서비스 '삼쩜삼'을 운영하는 '자비스앤빌런즈'는 작년 상반기 매출 390억 원을 돌파하며 역대 최대 매출을 기록해 흑자 전환에 성공했다. 패션 플랫폼 '에이블리'도 작년 상반기 손익분기점을 달성하며 이후 꾸준히 흑자 행진을 이어가고 있다.

실제 투자 관계자에 의하면, 투자자들은 흑자 전환에 성공한 스타트업에 투자를 지원하겠다고 밝혔다고 한다. 미래가 아니라 현재 살아남을 수 있는 곳에 투자하는 분위기가 점점 강해지는 만큼, 스타트업도 수익 개선에 집중해야 투자를 받을 수 있는 환경이 된 것이다.

그러므로 스타트업도 이제 단순히 빠른 성장보다는 안정적인 성장을 추구해야 한다.

저위험 투자수단:
불확실한 미래를 대비하는 재테크

투자의 수단에 대해 이야기해보자. 가장 흔히 접할 수 있는 자산 증식 활동은 바로 '재테크'다. 재테크는 재물 재財+기술Technology의 합성어로, 쉽게 말하면 재산을 관리하고 돈을 버는 기술이다. 우리는 보유하고 있는 자산을 효율적으로 늘리기 위해 보편적으로 금융상품, 부동산, 펀드, 주식, 가상화폐 등 다양한 방식을 통해 투자한다.

이 중 사람들이 가장 선호하는 재테크 수단은 주식, 가상화폐, 부동산이다. 이 3가지 수단은 이미 재테크에 관심이 없는 사람들조차 무엇이 무엇인지 알 수 있을 정도로 보편화가 되었다. 여기서 우리는 각 재테크 수단의 정확한 개념과 안정성, 그리고 활용도를 중점으로 살펴볼 것이다.

대표 재테크: 주식, 가상화폐, 부동산

'주식'은 우리나라에서 경제적 활동을 하는 사람들이라면, 누구나 쉽게 접근할 수 있는 재테크 방법 중 하나다. 투자자가 상장된 회사의 주식을 매입하는 형태로 회사의 성장과 수익을 공유한다. 다만, 국내 시장은 배당금 정책이 활성화되어 있지 않고, 전체적인 지수가 우상향하기보다는 박스권*을 형성하는 것이 특징이므로, 국내 개인 주식 투자자들은 배당금 투자보다 주식 매매에서 차익을 실현하는 방법을 주로 선호하는 편이다.

주식의 가장 큰 장점은 '높은 수익을 얻을 수 있는 가능성'이 있다는 것이다. 기업이 성장함에 따라 주식의 가치가 증가하고, 부수적으로 배당 수익도 기대할 수 있다. 반면 시장의 변동성이 크고 정보가 비대칭적이라는 특징도 있다.

'가상화폐'는 2009년 발행된 P2P 기반의 비트코인으로 활성화된 시장이다. 기존 화폐와 달리 정부나 중앙은행, 금융기관의 개입 없이 개인 간 거래가 빠르고 안전하게 이루어진다. 주식보다 변동성이 높은 편이어서 더 높은 수익을 기대할 수 있지만, 그만큼 리스크도 높기 때문에 철저한 분석이 필요하다.

'부동산'은 주택, 상가, 토지 등을 매입하여 임대료를 받거나(임대 수익), 가격 상승을 통한 매매 차익(시세 차익)을 얻는 재테크

* 주식 가격이 틀 안에 갇혀 있는 모양으로, 상승이나 하락이라는 뚜렷한 방향을 지니지 않음을 뜻한다.

방법이다. 단독주택이나 아파트를 구매하여 장기 임대 수익을 창출할 수도 있으며, 사무실·상점·쇼핑몰 등의 상업용 부동산에 투자하고 개발 가능성이 있는 토지를 구매해 장기적 관점의 가치 상승을 기대할 수 있다.

사실, 부동산은 우리나라 사람들이 가장 선호하는 재테크 수단이기도 하다. 수요가 많은 필수재로서 위험성은 낮고 수익률은 높기 때문이다. 실물 자산을 보유할 수 있어 통화 가치의 하락에도 영향을 덜 받기에 비교적 안정적이다. 또한 장기적으로 부동산 자산의 가치는 인구 증가나 경제 성장 등 지역적 요인에 따라 성장할 가능성이 크다. 그리고 임대 수익이 있는 경우, 월별 현금흐름을 안정적으로 확보할 수도 있다. 다만, 초기 자본이 많이 필요해 다른 재테크에 비해 접근성이 낮다는 특징이 있다.

이런 재테크 투자에서 사람들이 가장 중요하게 생각하는 것은 무엇일까? 바로 안정성이다. 현대 사회는 경제 상황이 불안정하고 불확실하다. 금리 변동, 인플레이션, 경기 침체 등의 요소가 경제에 영향을 미친다. 이로 인해 개인, 그리고 가계의 재정 상황에도 변화가 발생할 수 있다. 그래서 사람들은 재테크를 통해 자금을 효과적으로 운영하고, 미래의 불확실성을 대비하려고 한다.

그래서 이들에게 가장 중요한 것은 '안정성'이다. 경제적인 안정과 미래를 준비하기 위해 '재테크'라는, 돈 버는 기술을 적극적으로 활용하며 효율적으로 운영하고 있는 것이다.

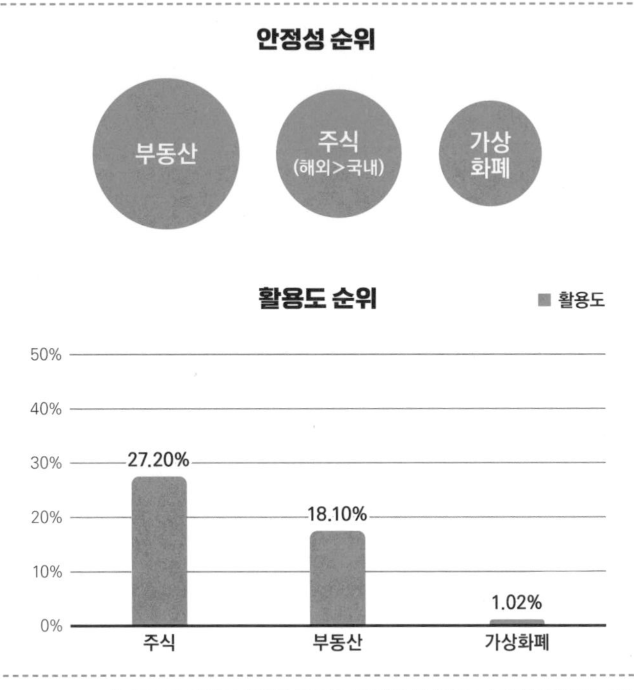

[자료 6] 재테크 수단별 안정성 순위(위) 및 활용도 순위(아래)(출처: 모노리서치)

재테크로 안정성만을 추구하면 안 된다

그럼 사람들은 재테크가 왜 안정적이라고 생각하는 걸까?

일단 재테크는 원천적으로 '거래가 가능한 시장'이다. 누구나 쉽게 진입하여 거래할 수 있다. 이렇게 투명성이 존재하는 시장에서 투자자는 거래 정보를 언제나 쉽게 얻는다. 최근 많은 사람들이 국내보다 해외 주식에 투자를 많이 한다고 이야기한다. 과거와 달리 해외주식 거래 환경이 편리하게 바뀌었기 때문이다. 추가적으로 국내에서는 받기 어려운 해외주식의 '배당금'을 받을 수 있게 되었는데, 이는 주식매매를 통한 불확실한 차익실현보다는 배당수익을 단기적이고 가시성 있는, 안정적인 수익원으로 여기게 만드는 요인이기도 하다. 고로 거래 가능한 공개시장 또는 투명성이 안정감을 만든다.

가상화폐도 크게 다르지 않다. 최근 비트코인 현물 ETF Exchange Traded Funds**가 공식적으로 승인되며, 일종의 자산으로 인정받는 것과 같은 기대감이 생겼고 그 투명성이 확대되었다. 특히나 가상화폐 거래소가 많아지면서 쉽게 사고 팔 수 있다는 특성으로 인해, 시장 내 유동성은 훨씬 좋아졌다.

이제 사람들은 재테크 자체를 '대체투자'의 방식으로 바라보기 시작했다. 하지만 재테크는 안정적인 만큼, 극적인 성장을 이루기는 어려운 수단이다.

한국거래소의 자료에 따르면, 2022년 말 기준 주식을 보유한 투자자는 1424만 명이다. 불과 그 3년 전인 2019년만 해도 612만 명에 불과했는데, 3년 만에 133% 급증한 셈이다. 이들이 평균적으로 주식을 통해 투자하는 금액은 하루 평균 약 8900억 원으로 전년 동기 대비 36.3% 늘었으며, 거래대금은 24조 8000억 원으로 23.3% 증가했다. 2024년 1분기의 평균 주식 투자금액은 2조

** 투자자들이 주식처럼 편리하게 거래할 수 있도록 만든 상품(특정 지수를 따르는 펀드).

120억 원으로 전년 동기 대비 34.3%나 증가했다.

주식 투자에 대한 기대수익률은 시장 상황과 투자자 행동에 따라 달라진다. 2023년의 경제적 어려움에 따라 2024년 주식 투자 시장의 수익률은 약 5~7%로 기대된다.***

최근에는 국내 주식에 비해 상대적으로 안정적이고 우상향하는 형태를 보이는 해외 주식에 투자하는 사람도 많아지면서, 2023년 11월 말 기준 한국인의 해외주식 보유금액은 34% 급증한 89조 원을 기록하고 있다.

구분	비트코인	연간 상승률	비고
2013년 말	754달러	공식데이터 없음	
2014년 말	320달러	-58%	
2015년 말	431달러	35%	
2016년 말	964달러	124%	2차 반감기
2017년 말	1만 4,156달러	1,368%	
2018년 말	3,743달러	-74%	
2019년 말	7,194달러	92%	
2020년 말	2만 9,002달러	303%	3차 반감기
2021년 말	4만 6,306달러	60%	
2022년 말	1만 6,548달러	-64%	
2023년10월 말	3만 4,668달러	109%	
2024년 말	???	???	4차 반감기
최근 10년 누적수익률		**4,498%**	

[자료 7] **최근 10년간 가상화폐 수익률 현황(출처: 코인마켓캡. 1달러 미만 반올림, 1% 미만 반올림)**

*** KCMI 자본시장연구원, Capital Markets Outlook and Key Issues for 2024.

가상화폐는 어떨까? 금융위원회의 2023년 하반기 가상자산 사업자 실태조사에 따르면, 지난해 하반기 가상자산의 일평균 거래규모는 3조 6000억 원으로 상반기의 2조 9000억 원보다 24% 증가했다. 가상화폐를 거래하는 이용자 수도 2022년 6월 말 606만 명이었던 것에 비해 2023년 말에는 6.4% 증가한 645만 명으로 나타났다. 6개월 만에 가상화폐의 가격이 4만 2,200달러로 40%나 급등하면서 일평균 거래규모와 거래 이용자 수, 시가총액이 증가하며 나타난 현상이라고 볼 수 있다. 덕분에 비트코인 수익률은 전년 대비 109%, 무려 3만 4,668달러나 상승했다. 다만 비트코인의 경우 4년마다 돌아오는 반감기로 인해 수익률의 변동폭이 큰 편이다.

반면 부동산은 감소 추세를 보이고 있다. 부동산플래닛에 따르면, 2006년부터 2022년까지의 평균 투자금액은 약 323조 원이며, 2022년 전국 부동산 거래금액은 284조 3212억 원으로 전년 대비 약 46.4% 감소했다. 이처럼 부동산 투자는 2021년 정점을 찍은 뒤 점차 투자액이 줄어드는 분위기를 띈다.

다만, 부동산 유형이나 입지별로 투자 가치가 있는 매물은 금리 상승기임에도 불구하고 여전히 투자자들의 관심을 받을 것으로 전망된다. 부동산 중 상업용 부동산의 투자수익률은 2020년부터 분기별 1%대를 평균적으로 유지하고 있는데, 이는 연 4% 수준이다.

그러나 이 같은 수익률은 지금 같은 인플레이션 시대에 충분하지 않을 수 있다. 인플레이션 상황에서는 돈의 가치가 빠르게 하락하기 때문에, 투자수익률이 인플레이션을 상회하지 않으면 실제로는 자산의 가치가 줄어드는 결과를 초래할 수 있다. 예를 들어, 인플레이션율이 연 4%라면, 부동산 투자의 평균 수익률인 4%는 단지 물가 상승률을 따라잡는 데 그칠 뿐, 실질적인 자산 증가를 이루지는 못한다.

이 점을 더 구체적으로 설명하면, 인플레이션 상황에서는 자산의 명목수익률과 실질수익률의 차이를 이해하는 것이 중요하다. 예를 들어, 만약 주식이나 부동산의 수익률이 5%라 하더라도, 인플레이션율이 4%라면 실질수익률은 1%에 불과하다. 즉 인플레이션을 고려하지 않은 채 명목수익률만을 보고 투자 결정을 내릴 경우, 실제로는 자산의 가치가 거의 증가하지 않거나, 경우에 따라서는 감소할 수도 있는 것이다.

다만 그동안 부동산 투자는 임차수익을 통한 현금가치의 관점보다는 부동산 자산의 가치증가에 의존하는 경향을 보였다. 현금가치 하락을 충분히 상쇄하고도 남는 높은 절대적 수익금액으로 투자 시장을 견인해온 것이다. 저성장과 인플레이션이 함께 오는 디플레이션 시대를 살아가고 있는 현재의 부동산 시장에서 이러한 성공 방정식은 더 이상 유효한 방식이기는 어려워질 것이 자명하다.

또한, 가상화폐의 경우 높은 수익률을 기록한 사례가 있긴 하지만 그 변동성이 매우 크기 때문에 인플레이션과 같은 외부 경제 요인에 의해 영향을 받을 수 있다. 예를 들어, 2023년 하반기 비트코인은 급격히 상승했지만, 그와 동시에 인플레이션 압력으로 인해 전반적인 자산가치가 불안정해지는 경향을 보였다.

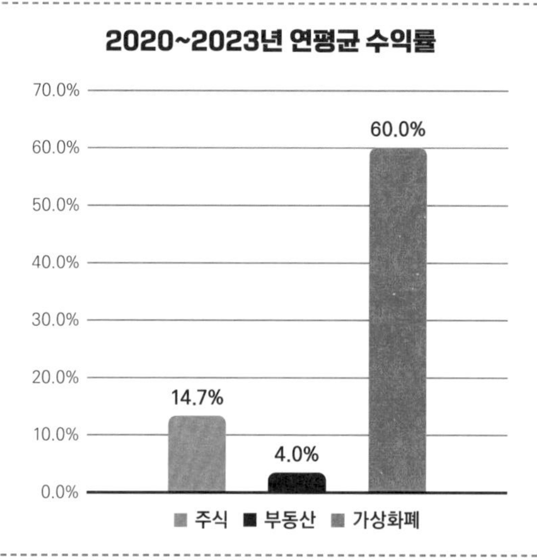

[자료 8] 재테크 수단별 수익률 비교(출처: 한국거래소, 부동산플래닛, 피델리티 인베스트먼트)

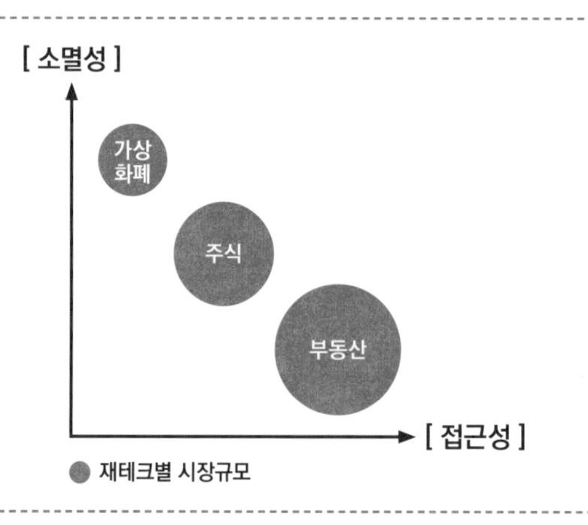

[자료 9] 안정성 측면에서의 투자 시장 구분

결국, 재테크 전략으로 안정성만을 추구하는 것은 충분하지 않다. 인플레이션과 같은 경제적 요인들이 자산의 실질가치를 어떻게 변화시킬 수 있는지를 고려해야 하며, 이러한 상황에서 어떻게 자산을 보호하고 증대시킬 수 있을지를 전략적으로 고민해야 한다.

따라서, 단순히 안정적인 투자보다는 인플레이션, 디플레이션 등의 환경 변화를 이길 수 있는 장기적인 투자 전략을 세우는 것이 중요하다. 또한 리스크 변동을 시장이 아닌, 전문성으로 보완할 수 있는 안전장치도 필요하다. 무엇보다 안정성을 지속가능성 측면에서 다시 폭넓게 재해석해야 한다.

고수의 투자수단: 성장의 기회가 중요한 전문투자

반대로 안정보다는 성장의 가치에 투자하는 사람들이 있다. 이들은 높은 수익적 획득을 위해서 비상장 기업에 직접 투자한다. 액셀러레이터AC, Accelerator, 벤처캐피털VC, Venture Capital, 사모펀드PE, Private Equity 등 투자하는 역할과 수준에 따라 불리는 용어도 각기 다르다.

대중적으로 많이 알려진 벤처캐피털에 비해 액셀러레이터는 생소하게 받아들여지거나 그 역할을 혼동하는 사람들이 많다. 액셀러레이터라고 불리는 'AC'는 초기 벤처·스타트업에 투자해 기업 경영과 사업 확장 등 생존에 실질적인 도움을 주는 창업기획자로, 기업의 성장을 가속화하는 역할을 한다. 초기 벤처·스타트업들은 사업적인 측면에서 좋은 아이디어나 기술을 보유하고 있음에도 불구하고, 전문적인 기업 경영이나 네트워크 등이 부족해 어려움을 겪는 경우가 많다. 그래서 AC는 전문 인력과 체계화된 시스템을 바탕으로 초기 벤처·스타트업의 역량을 발굴해내고 다음 단계로 안정적으로 성장할 수 있도록 돕는 데에 더욱 초점을 맞춘 투자자다.

'VC'는 기반이 잡힌 벤처·스타트업이 가치를 더욱 끌어올릴 수 있도록 대규모 자본금을 조달하는 역할을 한다. 주로 기술력과 발전 가능성이 커서 높은 기대수익이 예상되지만 자금이나 경영 기반이 취약한 중후기 벤처·스타트업에 투자한다. 유망한 기업을 발굴해서 주식 투자 형식으로 투자를 하여 종합적인 지원을 제공하는 것이다. 이를 바탕으로 벤처기업은 사업을 고도화해 기업가치를 상승시킨다.

VC의 투자자금은 어디서 나올까? 이들은 자기 돈이 아닌, 타인의 돈을 모아 투자한다. 펀드(투자조합) 형태로 투자자금을 모집하는 것이다. 정부의 창업지원기금과 개인투자자, 외국인, 지자체 등을 조합원으로 참여시켜 투자조합을 결성한다. 이 펀드는 벤처펀드, 벤처투자펀드, 벤처투자조합, 창업투자조합 등으로 불린다. 여기서 모인 투자금으로 VC는 초기 3~5년간 투자의 기회를 갖고 5~10년 단위로 M&A(인수합병)를 추진시키거나 주식시장에 상장시킴으로써 투자금을 회수한다.

이처럼 자본이 투입되면 성장성이 좋아지며 기대되는 수익도 더불어 자연스럽게 높아진다. 투자금 회수에 대한 기대가 높아지므로 더 큰 비전도 바라볼 수 있게 된다.

사모펀드는 전문투자형 사모펀드Hedge Fund와 경영참여형 사모펀드PEF로 나뉘며, 이 펀드를 운용하는 것을 'PE'라고 부른다. PE가 투자하는 기업은 일반적으로 주식시장에 상장되어 있지 않은 비상장 기업이다. 성장 잠재력이 높지만 자금 조달에 어려움을 겪는 기업이 주요 투자 대상이 된다. PE는 투자한 기업의 가치를 높이기 위해 다양한 전략을 구사한다. 경영 효율화, 사업 구조조정, 신규 사업 진출 등을 통해 수익성과 성장성을 개선한다. 업계 전문가를 영입하거나 네트워크를 활용해 기업의 경쟁력을 높이기도 한다.

또 PE는 일정 기간 동안 기업가치를 높인 후, 지분을 매각함으로써 투자수익을 얻는다. 매각은 전략적 투자자에게 하는 M&A 방식이 일반적이긴 하나, 기업공개IPO를 통해 주식 시장에 상장하는 방법도 있다. 이때 매각 가격과 인수 가격의 차이가 PE의 수익이 된다. 일반적으로 사모시장은 정부 규제를 덜 받고 기대수익률은 높은 편이지만, 고위험성을 내포하고 있다.

PE, VC, AC를 각각 수익성과 변동성에 따라 구분하면 그 장단점과 특성이 보다 명확히 드러난다. 기대성장률에 대한 과감한 투자는 성공할 때는 높은 수익률을 담보하지만, 그만큼 위험도 내포하고 있다. 다음에 나오는 그래프와 표를 통해 투자자의 종류, 단계, 시기에 따른 특징을 알 수 있다.

항목	시드 투자	시리즈A	시리즈B	시리즈C
투자 시기	창업 극초반 창업 직후	스타트업이 제품 또는 서비스의 초기 버전을 정식 출시한 전후	상당 수준의 고객 을 확보하여 안정적 비즈니스 모델을 구축한 뒤	시장에서 지위를 강화한 뒤 해외 진출이나 IPO/엑시트를 준비하는 단계
투자 규모	평균 1억~10억 원	평균 10억~50억 원 많게는 100억~200억 원	평균 100억~200억 원	평균 100억~500억 원
투자자	엔젤 투자자 액셀러레이터 지인	벤처캐피털(VC), 액셀러레이터, 금융기관 대기업 등	VC(벤처캐피털), PE(사모펀드), 대기업	VC(벤처캐피털), 투자은행, 사모펀드

[자료 10] **시리즈 투자 단계(출처: 오픈 트레이드, 법무법인 별)**

이들을 수익성과 변동성 측면에서 살펴보면 다음 그림처럼 나타난다.

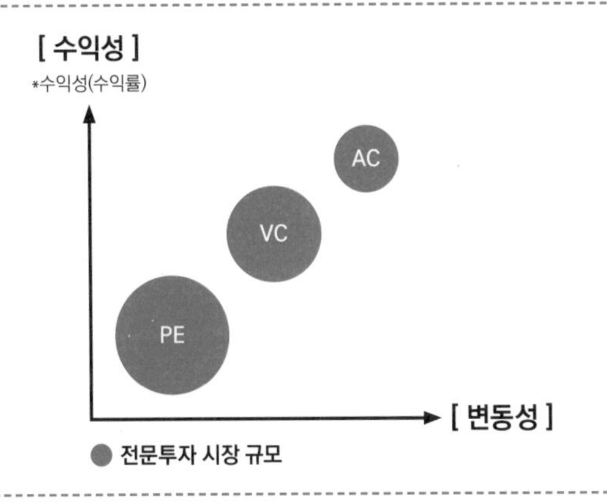

[자료 11] **성장성 측면에서의 투자 시장 구분**

전문투자 시장의 현재 모습

전문투자자들의 실제 투자 상황은 어떨까? 대표적으로 VC 투자를 통해 알아보자.

2024년 1분기 기준, 국내 벤처투자 시장 규모는 1조 9000억 원으로, 전년동기 대비 6% 증가했다. 최근 5년간(2020~2024) VC 투자금액은 연평균 6% 증가해 미국 등 주요 국가와 대비해봐도 양호한 모습을 보이는데, 이러한 동향은 최근 친숙한 스타트업을 중심으로 한 비상장기업들의 양과 질이 개선되어 투자처로 각광받기 시작하면서 두드러졌다. 투자가 늘어나며 결과적으로 유니콘 기업은 2017년 3개에 그쳤으나 2023년에는 야놀자, 컬리, 당근(당근마켓), 비바리퍼블리카(토스) 등 22개로 7.3배나 늘어났다.

한국벤처캐피털협회에 따르면, 2021년부터 2023년까지 청산한 벤처펀드의 평균 수익률은 10% 안팎이다. 2021년에는 총 50개 펀드를 청산해 평균 12.5%를 수익률을 기록했고, 이후 2022년 74개의 펀드를 청산하면서 평균 9.8%의 수익률을 나타냈다. 지난해에는 70개 펀드의 평균 청산수익률이 9%로, 우리가 앞서 소개한 재테크의 평균 수익률 대비 5% 포인트 이상 상회하는 수준이다. 이 수치를 바탕으로 보면, 스타트업의 전망과 전문투자자가 스타트업을 통해 얻는 수익률은 희망적인 신호로 해석할 수 있다.

10개를 투자해도 1개만 대박나지만, 돈을 버는 이유

하지만 앞서 언급한 바와 같이, 스타트업 중에는 적자를 기록하는 기업이 많다. 어떻게 이러한 상황에서도 벤처캐피털VC이 높은 투자수익률을 올릴 수 있는 것일까? 그리고 투자자들은 무엇을 믿고 끊임없이 스타트업에 투자하는 것일까? 그 핵심은 바로 스타트업이 보유한 기술 기반의 전문성에 있다.

인공지능AI 반도체 설계 전문 스타트업 '리벨리온'은 창업한 지 1년도 되지 않았을 때 이미 200억 원 이상을 투자받았다. 제품 및 서비스가 아직 나오지도 않았음에도 창업멤버들이 IBM, 인텔, 세계 최대 팹리스(반도체 설계 전문회사) ARM 등 글로벌 정보기술IT 기업 출신이라는 전문성만 보고 투자를 결정한 것이다. 글로벌 인공지능AI 콘텐츠 플랫폼을 개발 중인 '팀러너스' 역시 20억 원 규모의 시드 투자를 유치했다. 개발이 완료되지 않았음에도 투자 유치가 가능했던 이유는 토스 초기 멤버를 포함하여 해당 업계에 대해 전문성을 가진 사람들이 모여 창업했기 때문이다.

스타트업이 가진 기술적 우수성과 향후 시장 지배력에 대한 기대는 현재의 적자를 상쇄시키는 주요 요인이다. 이러한 기술적 혁신은 초기에는 수익을 창출하지 못하더라도, 상업화 단계에 접어들면 폭발적인 성장을 이루고, 그에 따른 높은 수익을 창출할 수 있는 가능성을 가지고 있다. 그래서 전문투자자들은 이곳에

모인 인재가 지닌 성장성을 믿고 직접 투자하는 것이다.

그러나 이러한 기대를 충족시키려면 상당한 리스크를 감수해야 한다. 매년 10만 개 이상의 신생 법인이 탄생하지만 이들 신생 법인의 5년 생존율은 40% 미만이다. 매년 약 100여 개의 스타트업이 코스닥에 상장되고, 이 중 60개 정도는 VC 투자를 받는다. 그러나 VC가 스타트업에 투자해 엑시트Exit*를 하는 확률은 3%에 불과해, VC 입장에서는 벤처 투자에 대한 불안감이 더욱 커질 수밖에 없다.

따라서 전문투자자들은 단일 스타트업에만 의존하지 않고, 포트폴리오 다각화를 통해 리스크를 분산시키는 전략을 채택한다. 정확히 단 한 기업만 투자해서는 성공할 수 없기에, 그 확률을 높이고 손실률을 상쇄하여 전체적인 수익률을 높일 수 있도록 분산투자를 하는 것이다. 이처럼 기업의 성장성인 미래가치를 높이기 위해 모험자본에 베팅하는, 이들의 모험투자 성향이 비상장기업 투자 시장의 확대를 견인하고 있다.

AC, VC는 흔히 이렇게 말한다. "10개를 투자하면 1~2개가 대박 나고 나머지가 실패하여, 이 실패 원금을 날리고도 돈을 번다."라고. 전문투자가 다른 대체자산 대비 투자에 대한 리스크가 큰 것은 부정할 수 없는 사실이다. 하지만 모든 투자가 위험에서 완전히 벗어날 수 없듯이, 전문투자도 어느 정도 감당해야 할

---

* 투자 후 투자한 돈을 회수하는 출구전략. 쉽게 말해, 자금을 회수하는 방안 혹은 자금을 회수하는 것을 말한다.

부분이 있다. 그러므로 무조건적인 성장성을 추구하기보다는 최소한의 안정이 뒷받침되는 새로운 시대의 투자 시장을 맞이해야 한다. 변동성과 확률 이론에 기대해온 전통적인 투자 시장에서 전문투자 시장이 제시해야 할 대안이 필요한 시점에 놓여 있는 것이다.

붉은 여왕의 역설

앞서 살펴본 내용들처럼 우리는 늘 안정 혹은 성장 안에서 투자의 대상과 수단을 선택한다. 다만 역설적이게도 각자가 추구하는 모델에서 절대적으로 완전하고 꾸준히 성장하거나 또는 변함없이 안정되기는 힘들다. 특히나 저성장시대에서는 생존의 치열함이 상당하기에, 안정만을 쫓다가는 도태될 수 있으며 성장만을 쫓다가는 아무것도 하지 못하고 더 빠르게 침몰할 수 있다.

안정성을 중심으로, 성장하는 방향으로

안정성을 중심으로 투자 대상을 선택하는 사람들은 누구나 관련한 정보를 쉽게 취득할 수 있어 신뢰성이 높은 시장에 접근한다. 하지만 이는 오히려 진입장벽이 낮은 것으로 인식되어 치열한 경쟁을 유발한다. 그래서 쉽게 진입하여 안정성을 도모하지만, 동시에 경쟁자들과 차별성을 두기 위해 끊임없이 성장을 추구해야 하는 역설이 발생한다.

생물학자 리 밴 베일런Leigh Van Valen은 루이스 캐럴의 《거울 나라의 앨리스》를 통해 '붉은 여왕의 역설' 이론을 제시했다. 해당 이론의 핵심은 '우리가 살고 있는 환경은 진화하고 우리가 사라지지 않기 위해서는 최소한, 환경과 같은 속도로 변화해야 한다'는 것으로, 안정성을 원하는 사람들은 더 안정적이기 위해 성장을 선택해야 함을 강조한다.

이들의 투자 수단도 살펴보자. 투명하게 정보가 공개되고 누구나 쉽게 진입하여 거래할 수 있는 시장인 주식, 부동산, 가상화폐 등은 인터넷으로 조금만 검색하더라도 관련 정보가 무수히 많이 쏟아져나온다. 그런데 이 수많은 정보들은 절망적이게도 한 방향성으로 유려하게 흐르지 않는다. 어떤 선택이 좋을지 특정할 수 없다. 누군가는 적극적 매수, 누군가는 적극적 매도를 권하고, 어떤 이는 특정 산업을 미래의 먹거리라고 말하고 있지만 어떤 이는 회의적으로 말하기도 한다. 그래서 투자자 개인은 흩어져 있는 각기 다른 정보들을 읽고 해석하여 각자의 소신에 따라 투자를 한다. 자신의 분석이 시장의 방향성과 정확하게 일치하기를 바라며, 미래의 성장성에 투자하는 것이다.

이처럼 안정성을 중심으로 투자의 대상과 수단을 접근하는 집단들도, 결국 성장을 바라보며 그 시장에 접근하고 있다.

성장을 중심으로, 안정적인 방향으로

스타트업은 창의적인 아이디어와 독보적인 기술로 규모를 확대하는 창업 방식이다. 누구나 쉽게 복제할 수 없도록 정보는 폐쇄적이고 성장은 빨라야 한다. 그렇기에 흔히 기업의 성장성 평가 지표인 재무적 안정성을 밑바탕에 두고 확장하지 못한다. 많은 스타트업은 아직도 적자인 상태로 성장 중이며, 우리가 알고 있는 유니콘 스타트업 기업들인 컬리나 토스로 유명한 비바리퍼블리카도 1000억 원이 넘는 큰 적자폭을 감내하고 있는 상태다.

과거 투자 시장이 활황이었을 때는 기업들의 과도한 적자도 성장을 위한 하나의 전략이었다. 그러나 투자 시장이 점차 소극적으로 변하고 있는 현재 상황에서 안정성을 무시한 과도한 확장은 더 이상 주목받지 못할 뿐만 아니라 사실상 불가능하다는 점이 분명해졌다. 그렇기에 많은 스타트업들이 재무적 안정성을 확보하고자 별도의 사업들을 겸하기도 하며, 빠른 흑자를 실현하고자 노력하고 있는 것이다.

성장성에 투자하는 사람들은 어떨까? 그들은 철저하게 미래 가치에 투자한다. 이를 위해 가능성 있는 스타트업을 발굴하고 투자하여 높은 수익을 얻길 원한다. 그러나 그들의 투자 방식을 보면 무조건적으로 성장성만 쫓아 투자하지 않는 것처럼 보인다. 앞서 이야기했듯 1억 원이라는 금액이 있다면, 이 금액을 온전히 한 기업에 투자하지 않고 분산하는 방식을 채택한다. 성장에 높은 베팅을 한 건 사실이지만, 확신이 없기에 최소한의 안정성에 보험을 걸어두는 것이다. 결국 성장에 목적성을 두는 사람에게도 어느 정도의 안정성은 보장되어야 한다는 말이다.

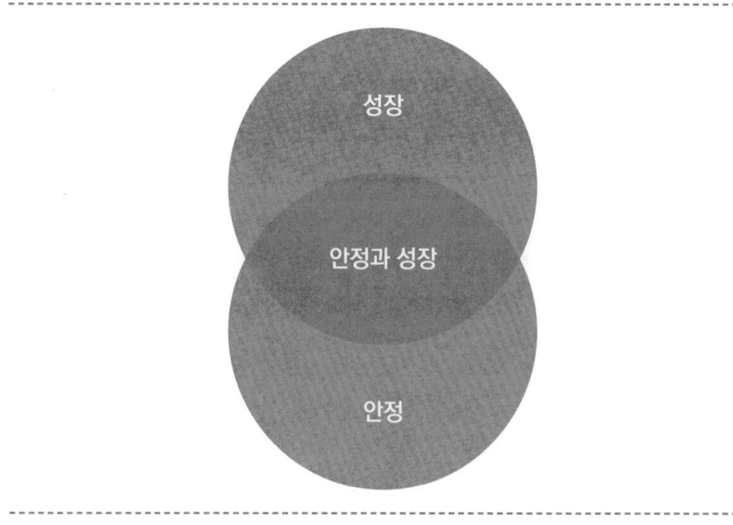

[자료 12] **안정과 성장 구간**

우리는 각자 성향에 따라 안정과 성장을 선택하지만, 그 자체만으로 완전할 수는 없다. 각 경향이 완전함을 이루려면 이들의 불완전함을 서로 상쇄시켜주는 요인이 필요하다. 더 안정적으로 나아가려면 성장적 요인이 필요하며, 더 크게 성장하려면 안정이 뒷받침되어야 함을 발견할 수 있는 것이다. 결국 안정과 성장이 균형 있게 존재하는 영역, 즉 교집합의 영역이 우리에게 이상적인 성과를 가져다줄 수 있는 최적의 구간이다.

완벽한 모래시계를 찾아서

지금까지 설명한 안정과 성장의 개념은 모래시계 형태로 도식화할 수 있다. 모래시계에서 모래는 "소득"을 나타내며, 위쪽 용기는 "성장", 아래쪽 용기는 "안정"을 의미한다. 모래시계는 소득의 흐름을 상징하며, 이 흐름이 지속적으로 위에서 아래로 이어진다. 모래시계가 끊임없이 한쪽 방향으로 기울어지듯, 소득의 안정과 성장이라는 두 요소도 한쪽으로만 지나치게 치우칠 위험이 있다.

그러나 중요한 점은, 모래시계를 뒤집어도 이 흐름은 본질적으로 변하지 않는다는 점이다. 성장이 안정으로, 안정이 다시 성장으로 이어지는 순환 구조는 모래시계의 방향에 상관없이 항상 같다.

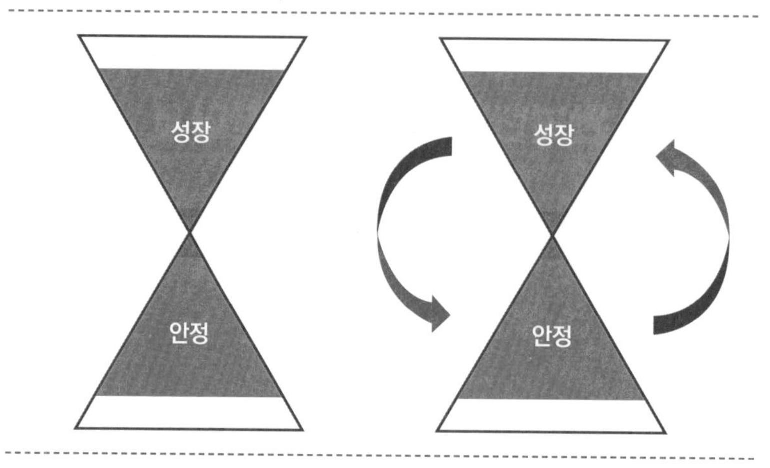

[자료 13] **안정과 성장의 모래시계**

이처럼, 모래시계를 뒤집는다고 해서 이 관계가 달라지지 않듯 성장과 안정은 서로를 보완하는 불변의 관계를 유지한다. 결국, 성장이 안정으로 전환되고, 안정이 새로운 성장을 뒷받침하는 구조는 변함없이 반복된다.

최적의 부를 만드는 교차점을 포착하라

우리가 여기서 더 주목해야 할 부분은 모래시계에서 모래가 머무는 교차점이다. 이 교차점은 안정과 성장이 만나는 유일한 지점으로, 두 요소의 균형을 이루는 중요한 역할을 한다. 단순히 안정과 성장이 만나는 곳이 아니라, 안정된 소득과 성장 가능성이 결합되어 부가 극대화될 수 있는 이상적인 상태의 지점이다. 이 상황은 현대 포트폴리오 이론Modern Portfolio Theory, MPT에서 강조하는 개념과도 유사하다. MPT는 자신이 수용할 수 있는 범위 내에서 최적의 투자 조건을 정하여, 위험은 최소화하고 수익을 극대화하는 투자 방식을 선택하는 것을 말한다. 즉 안정성과 성장의 조화가 소득을 극대화한다는 점에서 일맥상통하는 것이다. 그래서 우리는 이 교차점에 주목해 최적의 부를 창출할 수 있는 기회를 발견하고자 한다.

하지만 현실에서 이 교차점, 다시 말해 균형점은 매우 작고 취약한 상태에 놓여 있다.

소득이 안정성 쪽으로 지나치게 기울어지면, 안정된 소득만을 추구하는 데 그치게 된다. 그러면 성장을 위한 기회가 제한되어 일정 수준에서 소득이 정체되고 장기적인 성장을 방해한다. 단기적으로는 안정적인 소득을 유지할 수 있지만 장기적으로는 소득이 정체되어 실질적인 부의 성장이 제한되는 결과를 초래할 수 있다.

반면 높은 성장을 지나치게 추구하면 소득의 변동성이 커져 안정적인 소득 흐름이 위협받는다. 이렇게 되면 소득 구조가 불안정해지면서, 소득이 급격하게 증가된 이후 급락하는 상황을 겪는다. 이러한 상태에서는 장기적인 재정 계획을 세우기 힘들어지고 소득의 안정성이 훼손되어 지속가능한 부의 축적도 어려워진다.

이처럼 안정과 성장이 조화를 이루지 못할 때 소득은 변동성이 커지거나 정체되면서 이상적인 부의 상태를 유지하기 까다로워진다. 마치 모래시계의 위나 아래로 모래가 치우쳐 쌓이듯이, 소득이 어느 한쪽으로 치우칠 경우 부는 그 균형이 무너지는 것이다.

따라서 현재의 소득 구조에서 가장 중요한 과제는 이 교차점을 강화하는 것이다. 안정된 소득 기반에서 성장 기회를 추구하고, 성장의 가능성 속에서 소득의 안정성을 확보하는 것이 중요하다. 이 균형점이 커질수록 개인과 기업은 재정적 유연성과 지속가능한 부를 더 크게 축적할 수 있다.

여기서 중요한 점은 소득의 균형점을 단순히 교차나 전환 '지점'으로 국한시키는 것이 아니라, 안정과 성장이 만나는 교집합의 '영역'으로 확장해야 한다는 것이다. 이 교집합의 영역이 커질수록 우리는 이상적인 소득 획득 상태에 가까워진다고 믿는다.

이제부터 왜 이 안정과 성장 사이의 균형이 중요한지 그리고 우리가 생각하는 이 영역을 어떻게 넓힐 수 있을지에 대해 더 깊이 있게 설명하고자 한다.

원하는 부를 가지려면, 균형을 맞춰라

이 구간을 어떻게 이상적으로 만들 수 있을까? 그리고 모래라는 소득을 어떻게 하면 가운데 지점에 최대한 크게 가둘 수 있을까? 좁은 교차점의 영역을 넓게 확장하려면 안정과 성장이 서로 반대 영역으로 향해야 한다.

안정과 성장은 본질적으로 대립하는 속성을 지니고 있어 이 둘을 조화롭게 확장하기란 쉽지 않지만, 이 두 영역이 각자의 속성을 수용하며 상호 보완적인 관계를 형성할수록 부의 균형점은 더욱 넓어진다.

이 교차 영역을 확장하는 데 필요한 핵심 요소는 "부의 기대감"이다. 부의 기대감이란 안정과 성장을 동시에 추구하는 사람들의 "바람"이다. 즉 안정적인 상황에서도 더 높은 수익을 기대하고, 성장 상황에서도 더 큰 안정성을 기대하는 것을 뜻한다. 결국 이러한 "기대"는 낮은 수익, 포트폴리오의 실패 등 각 경향의 위험 요소를 완화시킨다.

부의 기대감이 확장될 때 모래시계의 교차 영역은 점점 더 저변이 넓어지며 특정 모양으로 변화할 수 있다. 다음 쪽에 있는 모래시계를 보자. 특별한 모형이 보이지 않는가? 그렇다. 누구나 가장 열망하고 가치 있게 여기는 보석, 다이아몬드다. 우리가 발견한 다이아몬드는 모래시계 속 안정과 성장이라는 상반된 요소들이 결합된 균형의 결과물이다.

하지만 현실적으로는 각 영역에서 드러나는 다양한 위험 요인들로 인해 시장 참여자들은 소극적인 태도를 취할 수밖에 없고 그 결과로 안정과 성장의 교차점은 점차 축소될 위험도 있다. 성장은 성장을, 안정은 안정을 포기해야 하는 것이 그들에게는 위협

요인으로 작용하기 때문이다. 결국 각 영역에서 반대의 영역으로 향하지 못하는 리스크를 부의 기대감으로 상쇄시키고 확장하는 것. 이것이 바로 모래시계를 다이아몬드로 만들기 위한 핵심이다.

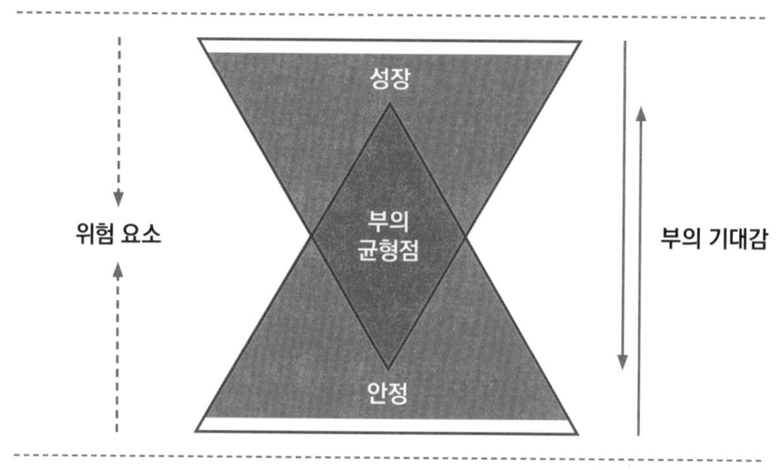

[자료 14] **모래시계에서 다이아몬드로**

다이아몬드는 이러한 어려운 과정을 극복한 자만이 얻을 수 있는 귀중한 결과물이며, 이는 우리가 궁극적으로 추구해야 할 방향을 명확히 제시해준다. 이 다이아몬드에 집중하는 것, 즉 안정과 성장이 상호 보완적이고 균형을 이뤄 확장하도록 전략을 추구하는 것만이 시장에서 지속가능한 성공을 달성할 수 있는 가장 효과적인 방법이다.

우리가 쫓아야 할 다이아몬드

모형을 보면 다이아몬드는 안정과 성장이 교차된 지점에서 만들어진다. 엄밀히 말해, 안정에 기반을 두고 있지만 성장에 더 큰 목적성이 있으며, 성장을 목적으로 하지만 안정적인 영역이 바로 다이아몬드인 것이다. 이미 이야기했듯 우리는 이 다이아몬드를 가장 이상적인 성과가 발현될 수 있는 구간이라고 생각한다. 만약 이 다이아몬드 모양에 맞는 투자 형태를 찾는다면 우리는 진짜 다이아몬드를 손에 쥘 수 있다.

앞서 자영업과 스타트업을 각각 추구하는 목적에 비교하며 안정성과 성장성을 이야기했다. 이를 모래시계 모형에 적용한다면 "스타트업 같은 자영업", "스타트업에 투자하는 재테크"가 바로 다이아몬드다.

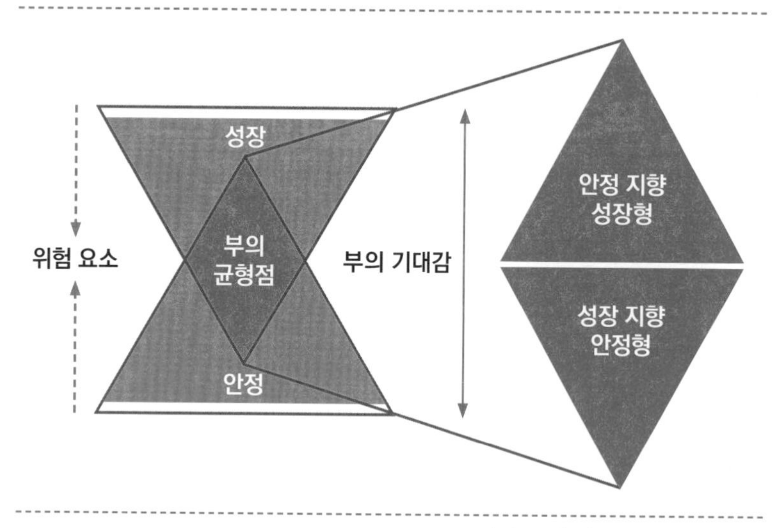

[자료 15] 안정과 성장의 다이아몬드

구체적으로 이야기하자면, 스타트업 같은 자영업이란 우리가 익히 알고 있는 진입장벽이 낮은 자영업이지만 성장 모델이 명확하고 실제 성과가 있는 창업 형태를 의미한다. 스타트업에 투자하는 재테크란, 높은 수준의 안정성과 기대수익률을 갖춘 스타트업에 누구나 접근할 수 있는 투명한 시장을 말한다.

우리가 책을 쓰게 된 이유는, 바로 이 다이아몬드 때문이다. 앞으로 하나씩 설명하겠지만 우리는 이 다이아몬드를 찾았고 실제로 손에 쥐고 있다. 우리가 가진 것이 진짜 다이아몬드가 맞는지 이 책을 보며 판단하기를 바란다. 그리고 다이아몬드가 맞다고 생각되면 바로 실행하면 좋겠다.

원하는 건, 더 단단한 투자 시장

다이아몬드의 크기를 이야기하기 전, 다이아몬드 형태가 만들어지는 상황을 살펴보자. 다이아몬드 형태가 만들어지기 위해서는 앞서 이야기한 "부의 기대감"이 커져야 한다.

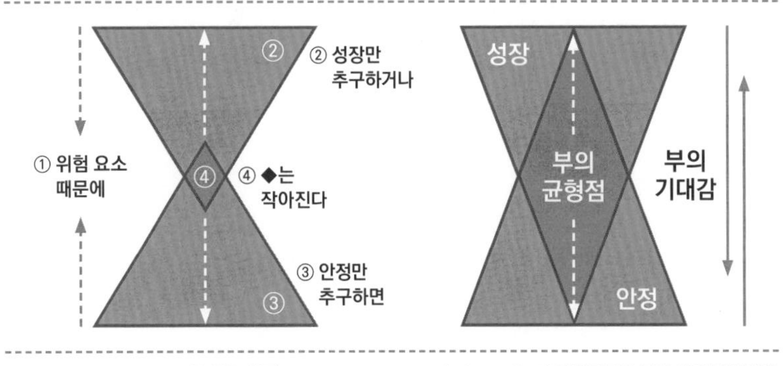

* ◆=부의 균형점

[자료 16] 다이아몬드의 종축 확대의 어려움

그러나 부의 기대감에는 한계가 있다. 각 경향에서 발생하는 위험 요소를 완전히 제거할 수 없기 때문이다. 이는 종축의 크기를 무한히 확대하기 어렵다는 것을 의미한다. 결국, 크기를 키우려면 횡축을 넓히는 방법밖에 남지 않는다는 뜻이다.

그렇다면 이 횡축은 무엇을 의미하며, 어떻게 넓힐 수 있을까? 우리는 이 횡축을 투자 시장의 크기로 정의한다. 투자 시장이 커질수록 안정성과 성장성은 더욱 견고해지며, 절대적인 규모도 함께 확대된다. 그러면 안정과 성장의 균형이 더 쉽게 이루어지며, 규모의 확대는 더 많은 소득을 담을 수 있는 부의 균형점이 확장되는 이상적인 상태를 형성하는 데 중요한 역할을 한다.

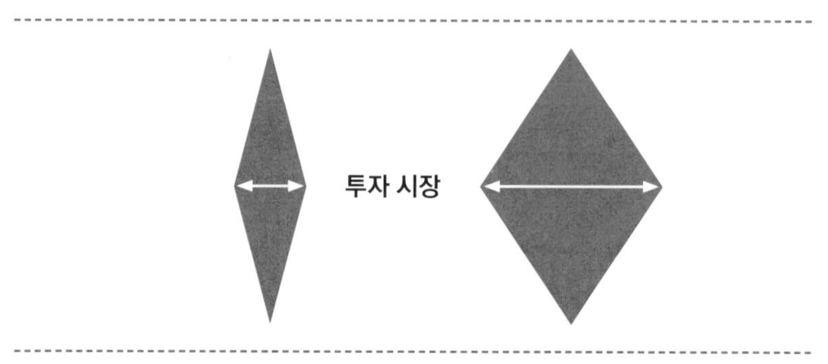

[자료 17] 다이아몬드의 확장

부의 균형점

앞서 언급한 투자 시장의 확장은 단순히 규모를 키우는 것 이상의 의미를 갖는다. 이는 우리가 추구하는 다이아몬드 모델의 본질적인 가치를 실현하는 핵심 요소다.

먼저, 투자 시장이 확장되면 다양성이 폭넓어진다. 더 많은 참여자들이 시장에 진입하면서 새로운 시각의 아이디어와 접근 방식이 유입되고, 이는 기존의 투자 패러다임을 깨고 혁신적인 투자 모델을 만들어낼 수 있는 원동력이 된다. 또한, 투자 시장의 확장은 정보의 비대칭성을 줄이는 데 기여한다. 정보의 흐름이 더욱 활발해지면, 결과적으로 시장의 효율성도 높아진다. 과거에는 대형 기관투자자들만이 접근할 수 있었던 고급 정보들이 이제는 개인 투자자들에게도 쉽게 공유되고 있다. 이러한 변화로 투자 시장의 공정성이 높아지고, 더 많은 사람들이 부의 창출 기회를 잡을 수 있다.

투자 시장의 확장으로 유동성도 커진다. 참여자와 거래량이 많아지면 자산의 유동성이 높아지고, 이는 안정성과 성장성에 모두 긍정적인 영향을 미친다. 유동성이 높으면 투자자들이 필요할 때 자산을 빠르게 현금화할 수 있으며, 동시에 기업들이 필요한 자본을 조달하는 데 도움이 된다. 결국, 투자 시장의 확장은 우리가 추구하는 다이아몬드 모델을 실현하는 필수 과정이다. 안정성과 성장성의 균형을 유지하면서 시장의 규모를 키워나가는 것, 그것이 바로 우리가 지향해야 할 방향이다. 이를 통해 우리는 더 큰 다이아몬드, 즉 더 많은 사람들이 함께 누릴 수 있는 부의 균형점을 만들어나갈 수 있을 것이다.

가장 이상적인 다이아몬드, 외식업

지금까지 우리는 다이아몬드의 구조, 그리고 더 큰 다이아몬드를 만들기 위해 투자 시장의 확장이 필요하다는 점을 살펴보았다. 이제는 이 다이아몬드 모델이 현실에서 어떤 산업에 가장 잘 적용될 수 있는지 알아보려 한다.

우리가 앞서 정의한 다이아몬드 모델은 창업과 투자의 안정성과 성장성을 균형 있게 갖춘 이상적인 형태를 의미했다. 이 모델은 안정적인 소득을 유지하면서도 성장을 지속적으로 추구할 수 있는 상태를 나타낸다.

외식업은 안정적인 수익 구조와 확장 가능성을 모두 갖춘 최적의 산업이다. 그래서 우리는 외식업이 다이아몬드와 가장 일치하는 산업이라고 생각한다. 우리는 외식업을 "다이아몬드 산업"

으로 정의하며 그 가능성과 가치를 증명하고자 한다.

스타트업 같은 자영업이라고 말한 것을 기억하는가. 그저 사장 한 사람의 힘으로만 운영되는 곳이어서는 스타트업 같은 성장 잠재력을 기대하기 어렵다. 여기서는 자영업이 어떻게 스타트업의 성질을 띠고 확장하며 성장하는지 살펴보려 한다.

외식업의 실체를 말하다

투자 대상으로서 외식업의 안정성에 대해 먼저 살펴보자. 외식업은 비교적 진입장벽이 낮기 때문에 누군가는 자영업자들의 무덤이라고 이야기한다. 적은 자본으로 누구나 진입할 수 있고 복제가 쉬워 높은 경쟁강도와 영세함이 공존한다. 하지만 우리가 이야기하는 외식업은 생계의 수단으로 존재하는 자영업 형태가 아니라, 하나의 기업으로 인식할 수 있는 외식업을 말한다.

외식업은 소비자들이 일상적으로 접하는 가장 기초적인 산업 영역으로, 타 산업 대비 꾸준히 수익을 창출할 수 있으며 예측 가능한 수익 구조를 지닌다. 무엇보다 창업 초기부터 안정적으로 수익을 낼 수 있으며, 특히 현금 창출이 매우 즉각적인 산업으로 사업 운영에 필요한 자금을 조달하는 데도 좋다.

성장성 측면에 있어서도 다양한 방식으로 규모를 만들고 확장할 수 있다. 프랜차이즈는 성공적인 사업 모델을 빠르게 복제해 확장시킬 수 있는 방법으로, 외식업의 대표적인 성장 전략 중 하나다. 이 외에도 가정 간편식HMR 제품 개발 등 식품산업으로 확장할 수 있어 단순 매장 수익 이상의 성장 동력을 갖춘 아이템이다. 산업의 규모를 살펴보면, 2022년 기준으로 국내 외식 시장은 140조 원, 외식 프랜차이즈 시장은 40조 원으로 소비 시장이 매우 크고 안정적임을 알 수 있다.

투자 측면에서 외식업의 안정성을 살펴보자. 외식업은 위험 요소가 낮은 동시에 꾸준한 수익을 내는 안정적인 산업이다. 이미 말했듯 외식업은 높은 현금 유동성을 갖추고 있으며 보증금과 권리금이라는 상대적으로 보장된 잔존 가치가 있어 투자금 회수 가능성이 높고 투자 위험 요소가 낮다. 특히 경기 불황에도 일상적으로 소비자들이 찾는 산업으로 강한 대응력을 갖춘 산업이다. 또한 스타트업과 달리 현금 유동성이 좋아 배당이나 이자 등의 소득이익Income gain을 실현할 수 있는 사업 구조를 갖췄기에 또한 사업의 규모가 확장되면 자본이익Capital gain 역시 획득할 수 있다. 투자에 대한 절대이익 규모가 점차 축소되는 미래 경제에서 외식업은 더욱 돋보일 것이다.

외식업은 현재, 투자가 절실하다

외식업은 복제가 쉽기 때문에 빠른 확장전략이 필요하다. 직영점 형태로 확장하려 한다면 매장 설치를 위한 시설비뿐만 아니라 상당한 임대 보증금과 권리금 등이 필요하다. 프랜차이즈 확장 시에도 본사 설립부터 메뉴·인테리어의 표준화 시스템 구현 및 가맹점주 모집을 위한 마케팅 활동까지 상당한 운전자본이 소요된다. 이 투자금을 창업자가 자체적으로 조달할 수 있으면 좋겠지만 실질적으로는 매우 어려운데, 수익으로 축적하여 시간을 들여 투자하기에는 자본력이 있는 타 경쟁자가 아이템을 복제해 먼저 앞으로 나아갈 수도 있기에 쉽지 않다. 실제 인기리에 반영되었던 '백종원의 골목식당'에서 소개된 포항 '덮죽'은 한 프랜차이즈 업체에서 동일한 콘셉트와 이름으로 메뉴를 출시하여 곤욕을 치른 바 있다. 만약 사람들의 관심이 없었다면 덮죽은 프랜차이즈 업체의 메뉴로 인식될 수도 있었을 것이다.

그렇기에 성공 가능성이 명확한 아이템이 있다면 외식업은 빠르게 확장해야 하고, 이를 위해서는 든든한 자금 조달이 필요하다.

외식업의 성장 속도는 굉장히 빠르고, 점차 빨라지고 있다. 최근 커피 브랜드의 매장 증가 속도를 확인해봤다. 매장의 규모, 업종의 성숙도 등에서 차이가 있어 절대적인 비교가 어렵긴 하나, '이디야'의 경우 1호점 출점 이후 3,000호점까지 출점하는 데 약 22년이 걸렸다. 하지만 '메가커피'의 경우 2015년 1호점 출점 이후 2024년 현재 3,000호점을 돌파, 약 9년만에 빠른 성과를 이뤄냈다. 어떻게 이렇게 빠른 성과를 낼 수 있었을까?

메가커피는 2021년 한 중견식품 업체에 매각됐다. 당시 매장 수는 1,600호점까지 출점, 매출액이 879억 원 수준이었지만, 2년이 지난 2023년 매장 수는 2,700여 개로 약 1,100개가 증가하였으며 매출액은 3684억 원으로 무려 319% 성장하였다. 브랜드를 새롭게 인수한 업체에서 마케팅 등에 막대한 투자를 했는데, 결국 투자가 가능한 자본이 있었기에 빠른 성장이 가능했던 것이다. 광고 모델인 손흥민도 이 시기 발탁되었다는 점에서 실로 과감한 투자를 진행했음을 알 수 있다.

사업이 성장하면 자연스럽게 투자적 가치로도 이어진다. 메가커피는 2021년 약 1400억 원에 인수되었고, 이후 3년간 약 1240억 원을 배당하면서 투자금 회수가 거의 완료되었다. 또한 2024년 동일한 업종과 유사한 컨디션의 '컴포즈커피'가 약 4700억 원에 매각된 점을 고려했을 때 상당한 매각차익도 실현할 수 있을 것으로 예측된다. 배당으로 안정적으로 투자 비용을 회수했고 성장을 통해 수 배의 자본이익도 실현한 것이다.

'외식업'이라는 블루오션에 뛰어들며

외식업은 투자자 혹은 피투자자로서 누구나 참여할 수 있고 기회를 얻을 수 있는, 아직 미개척된 블루오션 영역이다. 무엇보다 우리의 투자 시장은 저성장 시대를 살고 있는 현재의 우리에게 가장 최적화된 투자 모델이며, 앞으로 새로운 기회를 제공해주는 시장이라는 점에서 가능성이 더 분명하다. 우리는 많은 사람들이 이 매력적인 시장을 알고 동참하길 바란다. 그렇게 투자 시장이 커진다면 우리에게는 양적으로나 질적으로 더 단단하고 큰 다이아몬드가 선사될 것이다.

이 책의 2부와 3부에서는 투자자와 피투자자가 각각 외식업 투자를 어떻게 바라보는지 조금 더 상세하게 소개한다. 외식업에 대해 전혀 몰라도 투자할 수 있는 방법과 외식기업을 운영하고 있다면 투자를 받아 가치를 증진시킬 수 있는 방법들에 대해 알게 될 것이다. 여러분이 외식업 투자 시장의 매력을 모두 이해하게 되었을 때, 비로소 우리가 쥐고 있는 다이아몬드가 온전히 여러분에게 전달될 것이다.

Part 2

영세한 창업자 말고, 단단한 부를 거머쥔 투자자 되기

결과적으로, 경험이 부족한 자영업자가 운영하는 외식업체는 성장의 한계를 겪을 가능성이 높다. 경험의 부족, 잘못된 입지 선정, 운영 및 관리 능력의 미흡, 그리고 트렌드 변화에 대한 대응 부족 등은 이들이 크게 성장하지 못하는 주요 원인으로 작용한다.
외식업은 망하진 않는다고 하지만, 사실 그렇다고 크게 성장하지도 못하고 있다. 그럼 이들이 더 크게 성장하기 위해선, 무엇이 필요할까? 바로 투자다.

창업만으로는 얻지 못할 부의 기회, 투자로 얻다

대기시간 기본 2시간 이상, 이마저도 일찍 가지 못하면 구매할 수가 없어 오픈런을 하기 위해 새벽부터 일찍이 긴 줄이 생기는 매장이 있다. 명품 브랜드 이야기라고 생각할 수 있겠지만, 사실 이 광경은 베이글을 파는 '런던베이글뮤지엄'이라는 외식기업의 모습이다.

런던베이글뮤지엄은 2019년 안국에서 시작되었다. 그리고 2024년 8월 직영점 4개를 추가로 오픈하여 총 5개의 매장을 운영 중이다. 현재 풍문에 의하면 내부적으로 기업의 가치평가를 약 3000억 원 수준으로 판단하고 있다고 한다. 물론 이는 투자 시장에서 과도한 멀티플multiple*이라 평가받고 있지만 매장 5개의 외식 브랜드가 24배 수준의 멀티플로 회자되는 그 자체로도 큰 의미가 있다고 생각한다.

만약 당신에게 런던베이글뮤지엄이 막 시작된 초창기에 투자할 수 있는 기회가 주어졌다면 투자를 했을까? 현재의 성과만 보면 당연히 우리 모두 투자에 긍정적이었을 것이다. 하지만 초기 브랜드가 이렇게 잘 되리라고는 누구라도 쉽게 예상하지 못했을

---

* 쉽게 말해 "배수", 기업의 가치나 전망에 대해 얼마나 이익을 낼 수 있을지 보는 계수로, 주식에서 기업 주가가 순이익의 몇 배에 해당하는지 나타내는 지표다.

것이며, 현실적으로는 그 투자를 선택할 기회조차 얻지 못했을 것이다.

우리는 이러한 기회를 누구에게나 제공하려고 한다. 그리고 더 안정적인 투자를 위해, 좋은 브랜드를 초기에 발굴하고 안정적인 수익률로 위험 요인을 최소화할 수 있게 만들고자 한다. 2부에서는 외식업 투자를 어떻게 하고, 어떤 기업에 투자해야 하며 이에 따른 수익을 얼마나 기대할 수 있는지 소개한다. 이 책을 통해, 새로운 투자 방법을 발견해보자.

외식업 투자는 결코 새로운 개념이 아니다

외식업 투자는 이미 오랜 시간 우리 주변에서 존재해왔고 다양한 형태로 발전해왔다. 흔히 스타트업 투자에서 이야기되는 '3F', 즉 친구Friends, 가족Family, 바보Fools의 투자 방식은 외식업에서도 쉽게 찾아볼 수 있다. 가까운 친구나 가족이 자본을 투자해 지인의 매장을 오픈하거나 운영을 지원하는 형태가 그 대표적인 예다.

이런 단순한 투자 방식은 외식업 투자 시장의 초기 단계에서 흔히 볼 수 있는 모습이지만, 그 이면에는 훨씬 더 깊고 견고한 투자 네트워크가 숨어 있다. 가족과 지인이 투자하는 방식 외에도 해당업 종사자들에게 매장 지분을 나누어 매장의 성과를 높이는 투자 방식, 가맹점을 운영하는 프랜차이즈 형태도 하나의 외식 투자로 이해할 수 있다. 또 최근 직접 매장을 운영하지 않고 잘 운영할 수 있는 전문가들에게 위탁 운영을 맡기는 방식도 이미 존재해온 외식업 투자 형태다.

각각의 투자 형태를 실제 사례와 함께 더 자세히 살펴보자.

이미 존재해온 투자 방식 6가지

먼저 외식업 투자 중 가장 일반적인 형태인 지인 매장 투자를 보자. 이는 비교적 간단하고 친숙한 방식으로, 친구나 가족이 자본을 모아 매장 투자금을 마련하여 운영하는 형태다. 이는 외식업 투자 시장의 가장 기초적인 형태로, 생각보다 많은 외식기업들이 이러한 방법으로 운영된다. 투자자가 운영에는 직접 관여하지 않으며, 투자금만큼 적정 지분을 받고 영업이익은 지분율만큼 배당금으로 배분되는 방식이다.

'옥된장'이라는 한식 브랜드가 있다. 이곳은 초기에 직영점 형태로만 운영되었고, 이후 동시다발적으로 매장을 출점해 공격적인 확장을 도모해야 했다. 그래서 각 매장마다 지인들로 구성된 투자자들을 모았고, 실제 6개월 동안 직영점 5개 이상을 출점했다. 이는 전국 100호점 이상의 매장을 보유한 프랜차이즈 모델로 확장하는 시발점이 되었다.

둘째로 우리가 가장 쉽게 접근할 수 있는 프랜차이즈 모델도 외식업 투자방식 중 하나다. 가맹점주들은 프랜차이즈 본사에 창업비를 내고 해당 브랜드를 운영할 수 있는 권리를 받는다. 특히 이는 가맹점주들의 가맹비뿐만 아니라 그들의 노동력을 투자하는 하나의 투자 시장으로 정의할 수 있다.

정상적인 프랜차이즈 본사의 경우 신메뉴를 출시하고 유명 연예인을 광고모델로 채용하는 등 다양한 마케팅을 시도하며 가맹점주들의 절대적 매출 증대를 위해 노력한다. 가맹점주들에게는 표준화된 매뉴얼이 제공된다. 이를 통해 특별한 기술 없이 매장을 운영할 수 있으며 프랜차이즈 본사의 경영 능력에 따라 향후 매장을 매각할 때 권리금까지 기대할 수 있다. 실제로 교촌치킨의 경우, 가맹점들의 최소 매출을 보장하고자 지역별 가맹점 쿼터를 두어 추가 출점에 엄격한 제한을 두었다. 이에 기존 가맹점주들이 수억 원의 권리금을 받고 자신의 매장을 양도양수하는 형태로 투자금을 회수하기도 했다. 이처럼 가맹점주들도 결국 투자자인 것이다.

셋째는 프랜차이즈 운영에서 조금 더 확장된 방식으로 브랜드력과 영업이익이 좋은 매장을 여럿 운영하고 관리하는 메가 프랜차이지Mega Franchisee 형태가 있다. 이는 다점포 경영이라고 하며 우리나라보다는 미국에서 보편적으로 운영되는 방식이다. 메가 프랜차이지는 크게 하나의 브랜드 내에서 점포를 다수 운영하는 방법과 여러 프랜차이즈의 브랜드 점포를 운영하는 방식의 2가지로 구분된다.

이를 대변할 수 있는 자료로 미국의 프랜차이즈 닷컴 보고서에 따르면, 2022년 미국에서는 약 4만 4,000명이 22만 4,000개의 가맹점을 운영 중이며 이는 전체 프랜차이즈 가맹점의 53.9% 수준이다. 특히 버거킹, 파파이스 등 1,091개를 운영하는 '캐롤스그룹CARROLS GROUP'은 2006년 상장되었으며 한때 시가총액이 약 1조원 수준까지도 상승했다. 이들은 전문성을 갖추고 각 브랜드가 서로 시너지를 발휘하고 이를 바탕으로 투자 가치를 극대화한다.

결론적으로 다점포 경영은 브랜드가 아닌 입지를 중심으로 두고 투자하는 새로운 유형의 투자라고 설명할 수 있겠다.

넷째로 직원 지분 공유 방식도 최근 외식업에서는 활발해진 투자 형태다. 직원들에게 지분을 나누어주어 경영 성과를 극대화는 이 방식은 직원들의 동기부여를 강화하고 장기적인 성장을 도모할 수 있다는 장점이 있다. 특히 매장 단위로 확장하거나 제2의 브랜드를 확장할 때에도 사용된다.

'이프유원트'라는 외식기업은 우수한 직원들에게 매장의 지분에 투자할 기회를 준다. 그렇게 탄생한 대표적인 브랜드가 2024년 8월 기준 매장 수 276호점까지 출점된 '철길부산집'이라는 곳이다. 하지만 이런 전략은 주로 내부에서 조용히 이루어지며 외부에 잘 드러나지 않는다. 이러한 형태는 노동의존성이 높은 데다 매장 단위 투자로 쪼갤 수 있다는 특성이 있어 다른 어떤 산업보다 유리한 투자 구조를 띄고 있기에 특히 주목할 필요가 있다.

다섯째로 외식업에 대한 전문 지식이 부족한 투자자들이 위탁 운영 형태로 투자하는 방법도 있다. 투자자는 자금만 투자하고,

전문가들로 구성된 운영팀이 매장을 위탁 경영하며 안정성을 높이는 방식이다. 태국 음식전문점인 '생어거스틴' 등에서도 도입하여 운영된 사례가 다수 있다. 최근에는 본사에서 제공해주는 공식적인 인력 외 개인 대 개인으로 위탁 운영자를 직접 찾아 운영하는 형태도 심심치 않게 확인할 수 있다. 단순히 매장을 운영하는 방식에서 벗어나, 임대인의 건물을 F&B 공간으로 새롭게 리모델링하여 위탁 운영하는 '글로우서울'이라는 회사도 있다. 지금은 많은 사람들이 찾는 익선동, 창신동, 그리고 대전 소제동 상권을 리브랜딩한 대표적인 기업이다. 이 회사는 초기 부동산 개발 기획부터 설계, 시공, 그리고 위탁 영업까지 전 과정을 책임지며, 임대인과 실적의 일부를 공유하는 형태를 취하고 있다. 실제 '아프니까 사장이다'라는 소상공인 커뮤니티에는 관련한 별도 게시판도 존재한다.

편의점에서 많이 볼 수 있는 모델인 매장 임대와 시설 등은 본사에서 투자하고 점주는 노동력을 투자하여 운영하는데, 이도 동일한 투자 방식이라 할 수 있다.

마지막으로, 외식 프랜차이즈 플리퍼라는 형태가 있다. 플리퍼flipper란, 프로그램의 중간에 채널을 돌리며 재미있는 프로그램을 골라보는 집단을 의미한다. 외식업에서도 초기 프랜차이즈 중 크게 확장할 만한 프랜차이즈를 발굴하여 빠르게 창업하고 확장이 정점으로 오르기 전 매각하는 동시에, 또 다른 초기 프랜차이즈로 변경하는 경우가 있는데, 바로 이러한 투자 방식을 플리퍼라고 할 수 있다.

외식 프랜차이즈는 유행 주기가 매우 빠르다. '스탠다드 브릿지'라는 프랜차이즈 인큐베이팅 회사에서는 이러한 산업 특성을 투자에 전략적으로 활용하고 있다. 신설된 프랜차이즈 본사 중 가맹점이 100개 이상 확장될 만한 우수 브랜드를 초기에 선택하여 해당 브랜드의 인지도가 높아지고 창업 문의가 활발해질 때쯤 매각한다. 본사 입장에서는 초기에 매장 수를 확장하는 데 도움이 되며, 투자자 입장에서는 진입 초기에 상권을 선점하고 본사로부터 창업 혜택을 받는다는 점, 그리고 향후 매각할 때 높은 권리금을 받을 수 있다는 점에서 좋은 투자 방식으로 분류된다. 언론에서는 빠르게 뜨고 지는 브랜드가 점주들에게 피해를 입히는 부정적 이슈만을 다루지만 그 이면에는 흡사 발목에서 사서 어깨에서 파는 투자형 점주들과 이를 도와주는 인큐베이팅 회사가 있다.

다시 정리하면, 우리는 이미 다양한 외식기업 투자를 경험한 셈이다. 첫째, 지인이나 가족을 통해 투자를 받기도 하고, 둘째, 프랜차이즈 가맹점이 되어 차후 매각하는 형태로 체험하기도 했다. 셋째, 다점포 운영이라 칭할 수 있는 메가 프랜차이지 형태도 새롭게 떠오르고 있다. 넷째, 직원에게 지분을 나누어주어 동기부여를 하는 것도 투자의 한 방식이다. 다섯째 전문가에게 자금을 위탁하여 전문 운영팀이 매장을 맡아 운영하게 하는 형태도 새롭다. 마지막으로, 눈에 띄는 프랜차이즈를 초기에 창업하여 적절한 시기에 빠르게 매각하는 플리퍼라는 방식도 기억해두자.

외식 투자의 형태가 점차 다양해지는 만큼 외식업 투자를 받으려는 혹은 하려는 이들에게 기회의 문은 점차 넓어지고 있다.

이제 누구나 투자할 수 있다

소개한 투자 방식들은 다음 그림과 같이 도식화할 수 있다.

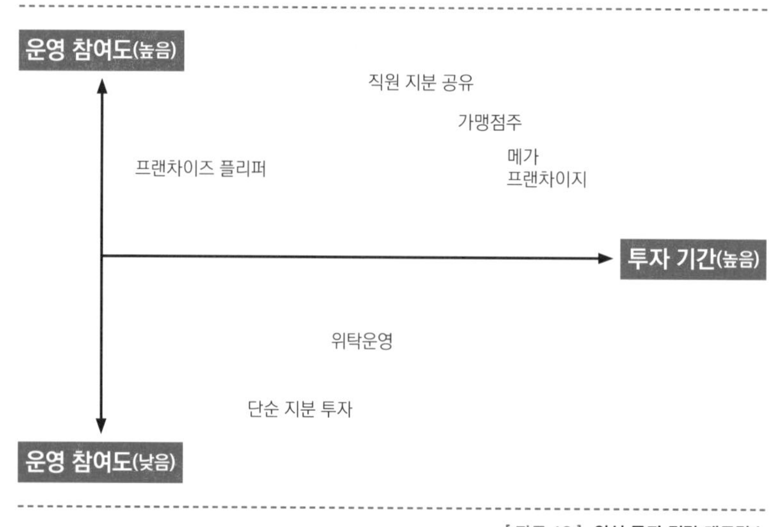

[자료 18] **외식 투자 전략 매트릭스**

이 그림에서 운영 참여도와 투자 기간에 따라 각 투자 방식이 매장 운영에 얼마나 깊이 관여하는지, 그리고 자본이 얼마나 오랫동안 묶여 있는지를 명확히 파악할 수 있다. 운영 참여도를 기준으로 하면, 투자자가 매장 경영에 직접 개입하는지 또는 운영을 위탁하거나 간접적으로 참여하는지를 파악할 수 있다. 이로써 투자자의 책임과 권한이 구체적으로 드러나며, 적합한 투자 전략을 수립하는 데 도움이 된다. 투자 기간을 기준으로 보면, 단기 수익을 목표로 하는 투자자와 장기적 안정성을 추구하는 투자자 간의 차이가 명확히 드러난다. 이를 통해 각자의 리스크 관리와 수익 목표에 부합하는 최적의 투자 방식을 선택할 수 있다. 이 2가지 기준을 함께 고려함으로써, 투자자와 운영자는 책임 분담과 전략 최적화를 이루고, 리스크 관리와 수익 목표 사이에서 균형을 맞출 수 있다. 이는 보다 효과적인 투자 전략을 수립하는 데 필수적인 지침이 된다.

이와 같이 외식업 투자에는 다양한 방식이 있지만 이러한 투자 기회와 정보는 주로 업계 내부자나 특정 네트워크를 가진 사람들에게만 제한적으로 제공되어 왔다. 외식업에 관심은 있지만 전문 지식이나 네트워크가 부족한 일반 투자자들은 참여할 기회를 얻기 어려웠다. 우리는 외식업에 대해 잘 모르는 사람들도 누구나 투자할 수 있게 투명한 거래 시장을 만들고자 한다. 이 시장이 하나의 재테크 수단으로 활용되며 외식기업 규모화에 영향을 미치길 바란다. 투자 기회가 확대되면 더 많은 자본을 유치할 수 있고, 이는 다시 외식 기업의 성장으로 이어져 투자 매력도가 높아지는 선순환 구조가 만들어질 것이다. 이러한 변화는 외식업이 전반적으로 경쟁력이 강화되고 혁신을 이루는 효과를 촉진

한다. 결과적으로 더 건강한 투자 생태계를 조성하는 데 기여하는 것이다. 그럼 이제부터 본격적으로 외식업 투자의 매력과 그리고 새로운 투자 방법 등에 대해 자세히 이야기하도록 하겠다.

불변의 법칙: 외식업은 쉽게 망하지 않는다

1부에서 살펴보았듯이, 외식업은 다른 산업과 달리 진입장벽이 낮고 소액의 자본으로도 시작할 수 있다. 그러다 보니 늘어나는 자영업자 수로 포화 상태에 도달해 경쟁 과열이 일어나고 있다.

자영업자들이 전문적인 지식이나 성공 노하우도 없이 비교적 짧은 준비 기간을 거쳐, 잘 준비되지 않은 채로 외식 시장에 진입하는 경우가 많다 보니 외식업에 침체기가 지속되고 점점 망해간다고 바라보는 시선들이 많다.

하지만 외식업은 쉽게 망하지 않는다. 자신만의 최소한의 운영 노하우가 존재한다면, 최소한의 투자금은 건질 수 있는 곳이다. 아무리 외식 창업을 쉽게 생각하고 있어도 말이다. 이를 증명해주는 성공 사례가 있다. 바로 외식투자자 최형진 대표다. 정확히 말하면, 일본 장사의 신 우노 다카시처럼 자신이 직접 운영하는 브랜드보다 더 크게 성공한 외식기업의 대표를 제자로 두거나, 투자를 통해 외식 기업을 관계사로 만들어온 인물이다. 그 수를 헤아리자면 셀 수 없을 정도다. 최근 10여 년간 100개 이상의 외식매장 기획에 관여하며 나름의 성공 방정식을 잘 정의하고 있는 최형진 대표를 만나 직접 그 이야기를 들어보았다.

외식투자자 최형진 대표 인터뷰

도전에 두려움을 가지지 않고, 도전과 혁신을 이뤄가고 있는 '이프유원트'는 국내 외식업에 치즈등갈비 열풍을 일으킨 '제임스치즈등갈비'부터 '두꺼비 숙성횟집', '야키토리 쇼몽' 등 홍대와 공덕 등에서 외식업을 운영하고 있는 기업이다.

뛰어난 직원들과 함께 새로운 회사를 공동 창업하여, 직원들이 지분에 투자할 기회를 주며 운영한다. 그렇게 이프유원트의 투자를 받아 창업한 회사에서 만들어진 대표적인 브랜드가 276호점까지 출점된(2024년 8월 기준) '철길부산집'이라는 곳이다.

이프유원트를 운영했던 최형진 대표는 '철길부산집', '경양카

츠', '요미우 돈교자', '파이인더샵', '파친코', '943 킹스크로스', '고기꾼 김춘배', '뚝방 뚝배기' 등의 유망한 외식 브랜드에 투자하고 '김숙성', '야키토리 쇼몽' 등의 브랜드를 직접 기획부터 운영, 투자까지 해낸 성공한 외식업자다.

국내 대표 외식투자자인 최형진 대표는 수많은 매장을 성공시키면서, 실패 확률이 매우 적으며 절대 망하지 않고 '잘 되는 가게를 만드는 법'에 대한 자신만의 방정식을 가지고 있다. 이렇게만 한다면, 우리의 외식업은 절대 망하지 않을 것이라 확신한다.

잘되는 가게의 불변법칙, 첫째는 상권

잘되는 가게를 만들기 위한 방법은 크게 2가지 관점에서 살펴볼 수 있다. 먼저 일반적으로 외식업이 망하지 않는 방법이다.

가장 기본적으로 살펴보아야 하는 것은 ①상권·아이템·인테리어다.

내가 가게를 차리고자 하는 상권에 없는 아이템을 오픈해야 한다. 이미 그 상권에 내가 하려는 아이템이 있더라도, 수요보다 공급이 적으면 매장을 오픈하는 것이 좋다. 수요와 공급이 같더라도, 기존 경쟁사 자리보다 내가 구한 자리가 더 좋으면(더 메인 입지이거나, 더 크거나) 오픈한다. 내가 구한 자리가 메인이 아니더라도 경쟁사보다 내가 더 잘할 수 있다고 생각하면 매장을 오픈한다. 내가 더 친절할 수 있다든가, 내 매장 차별화가 훨씬 더 잘 먹힐 것 같을 때 말이다.

그곳에는 사람들이 들어가고 싶게 만드는 '인테리어'를 해야 한다. 매장 디자인이 예쁘거나 특이하거나 편하거나. 이유는 다를 수 있지만 '들어가고 싶게'가 가장 핵심 포인트다. 추가적으로, 새로운 매장이 들어올 만한 건물 자체의 수가 제한되어 있는 상권에 오픈하면, 내가 잘되도 경쟁상대가 치고 들어오기 힘드니 최상이다. 경의선 숲길 또는 용리단길 같은 항아리 상권을 노려라.

사람이 안정되어야 한다

무엇보다 가게를 함께 운영해나가는 ②매장 구성원도 중요하다. 순이익을 잘 내는 구성원에게 팀장을 맡겨야 한다. 팀장보다 더 많은 금액을 투자한 사람이 매장 내에 있더라도, 매장의 모든 의사결정권은 팀장에게 있음을 모두에게 알려야 한다는 사실도 꼭 명심해야 한다.

직원은 장사를 통해 3~5년 후에 월 1000만 원을 벌고 싶어 하는 사람들로 구성한다. 그런 사람들은 대부분 일을 열심히 하고, 열심히 하다 보면 잘하게 된다.

실질적으로 매장을 운영하는 경영자는 ③오픈 전후 1개월

간 내 일이 매장의 성공을 좌지우지할 수 있다는 것을 알아야 한다. 먼저 직원들끼리 친해져서, 매장 분위기가 좋아질 수 있도록 노력해야 한다. 그리고 홀에서 매일 5~6시간 정도 근무하며, 손님들의 반응을 체크한다. 이를 통해 더 많은 손님들이 원하는 매장이 되도록 수정하고 보완해야 한다. 그리고 매장에서 같이 근무하며, 함께 매장을 꾸려주는 직원들의 장단점을 알기 위해 노력한다.

④오픈 1개월이 지나고 나서는 내가 어떤 일을 하는지도 중요해진다. 팀장에게 정신적 또는 물리적으로 시간이 오래 걸리는 일을 대표인 내가 대신 해준다. 직원 해고 또는 메뉴판 디자인 또는 공장 알아보기 등등. 그리고 월 1회는 회의에 참석하여 '재미있는 회의시간'이 되도록 노력한다. 재미있는 게 힘들다면, 지루하지 않은 시간이 될 수 있도록 노력한다(전략 중 하나로 모든 팀원이 돌아가며 회의를 진행하는 방식도 있다).

또 매장 업무 외에 할 일을 모두에게 분산하고, 잘하는 법을 알리고 매월 공유한다. 메뉴판 수정이나 마케팅, 데이터 분석 등은 사무직원에게 맡겨도 되지만, 일을 잘하는 직원일수록 배우는 것을 좋아한다. 월 1~3회는 매장에 손님으로 방문하는 것도 좋은 방법이다. 방문 때마다 수정 및 보완할 점을 공유하는 것이다. 매달 1~2명의 직원과 2~3시간 정도 산책하는 시간을 가진다. 일 얘기보다는 일상 대화를 더 많이 한다. 이런 대화를 통해 그 직원을 알려고 노력해야 한다.

수익은 단단한 동기부여가 된다

일반적인 외식업에서 통용되는 성공 방정식을 살펴보았다. 여기서 더 나아가, 나는 외식업이 망하지 않을 수 있는 결정적인 방법을 알고 있다. 바로 그것은 '투자'다. 정확히 말하면, ⑤매장 직원의 직접 투자를 통해 내부 구성원의 동기부여를 실현시키는 방법이다.

나는 매장에 근무하는 모든 직원이 투자하도록 만든다. 모든 직원이 하는 것이 좋지만 불가능하다면, 최소 직원의 60% 이상이 투자하도록 만든다. 이를 달성하려면 투자 원금도 100% 보장해주어야 한다. 투자를 해도 동기부여가 거의 안 되는 사람은 30% 정도 존재하는 것 같지만, 투자를 통해 동기가 더 떨어지는 사람은 없는 것 같다.

아울러, 투자를 통해 월 100만 원 이상의 수익이 발생하면 95% 이상이 동기부여가 된다. 매장이 잘 되면 투자 제도는 문제가 거의 없다. 단, 매장이 잘 안 되면 투자 제도로 인한 문제가 생기기도 한다. 하지만 수익 셰어를 클리어하게 운영하면, 이에 따라 오는 장점이 훨씬 더 크다. 여기서 클리어한 운영은 계좌이체, 결제, 정산 등등 돈과 관련된 모든 업무를 팀원들이 직접 하는 것을 의미한다.

그리고 그들에게 4~5년 후에 월 1000만 원을 벌 수 있다는 확신을 심어줘야 한다. 단, 월급에서 100만 원씩은 모을 수 있고, 그 돈을 4~5년 후에 투자할 수 있다는 가정하에 성립된다. 그 '확신'을 주려면, 함께 오픈한 첫 매장이 잘되는 것이 매우 중요하다. 1000~4000만 원을 매장에 투자하여 실제 매달 배당금을 받고 있는 사람들을 본인 눈으로 직접 봐야 한다.

내가 기획하고 자리까지 계약한 매장 중 한 곳인 야키토리 쇼몽을 사례로 들어보겠다.

2023년 12월 알바몬에 공고를 올려 20명을 만나 면접을 보고, 2024년 2월에 4명을 채용했다. 매장 근무는 4월 1일부터였고, 매장 오픈은 4월 6일이었다. 2월, 전 직원에게 50만 원씩 걷고 회사에서 50만 원을 지원해주어 일본 야키토리 매장 8곳에 직접 다녀왔다. 이때 많이 친해질 수 있었고, 본격적으로 새로운 매장을 하기 전 학습 차원에서 가는 방문이었기에 다들 매우 좋아했다. 이후 2월에 전 직원이 8일씩 출근했고, 3월에 12일씩 출근해 두 달간 나눠 일하며 한 달 급여를 받아 갔다. 다 같이 메뉴를 개발하고, 벤치마킹 겸 회식을 대략 10번쯤 하였다.

4명 모두 원금 보장으로 투자(1%, 40만 원)를 하였는데 각

각 1%, 8%, 8%, 10%씩 투자했다. 돈이 부족할 경우 회사에서 무이자로 2000만 원까지 빌려주는 제도를 운영했다. 12개월 상환을 조건으로 오픈 하루 전까지 투자를 결정할 수 있도록 배려해주었다. 6월에는 1명을 더 채용하였고, 이분은 1% 150만 원에 지분 5%를 구입했다.

우리는 2025년에 자본금 10억 원으로 자회사를 만들기로 하고, 각자 7000만~1억 원씩 모으는 내부 투자를 진행 중이다. 자회사 자본금 10억 원이 모이면, 1호점을 4억 원에 인수(보증금 1억 포함)하고, 2~3호점에 3억 원씩 투자해서 2025년 안에 3호점까지 오픈할 예정이다(1호점의 월 평균 예상 순익은 2000만 원 정도다).

최근 10년간 오픈한 매장 중 '야키토리 쇼몽'에 가장 많은 시간을 투자한 것 같다. 매일 6~7시간씩 5개월 정도를 투여했다. 요즘은 이렇게 하는 게 더 재미있다. 특히, 새로운 매장을 오픈하기 전에 벤치마킹 겸 해외여행을 보내준 것에 대한 전 직원의 만족도는 매우 높았다.

위에서 이야기한 성공 방정식처럼 외식업을 전개한다면, 여러분도 잘나가는 가게를 만들어나갈 수 있을 것이다. 그것이 내가 지난 10여 년간 수많은 매장을 성공적으로 이끌어오며 써내려 간, 성공 방정식이다.

그럼에도 외식업은 왜 크게 성장하지 못할까?

우리는 지금까지 계속 말해왔다. 외식업은 망하지 않는다고.

그러나 외식업의 생존율은 30%(3년)에 불과하며, 폐업률은 21.52%(17만 6,258개)에 달한다. 무엇보다 우리나라 외식산업은 수요 대비 공급이 많은 초경쟁적super-competitive 구조다.

그만큼 경쟁이 치열한 산업이며 성장하기 쉽지 않은 구조를 지녔다는 뜻이다. 특히 외식업 자영업자들은 입지 선정 실패, 운영 및 관리 능력의 부족, 급변하는 트렌드에 대한 적응력 부족 등의 이유로 인해 사업을 안정화하고 확장하는 데 어려움을 겪는 경우가 많다.

같은 시기에 같은 업종을 해도 누구는 잘 되는데, 또 다른 누군가는 힘겹게 창업을 이어나간다. 성공한 사람과 실패한 사람을 비교해도 노력과 열정에서 누가 더 낫다 우위를 가릴 수 없다. 그렇다면 이 두 그룹은 결정적으로 무엇이 다른 것일까?

무엇이 부족했을까?

외식 자영업은 명확한 비전과 차별화된 관점이 필요하다. 하지만 경험이 부족한 초기 사업자의 경우 자신의 브랜드나 메뉴에 대해 명확한 방향성을 설정하지 못해 경쟁력에서 우위를 확보하지 못하는 경우가 많다. 이로 인해 초반에 관심을 끌지 못하고, 시장에서 매장의 존재감은 약해지고 만다. 이렇게 브랜드는 점차 고객의 기억 속에서 사라질 위험이 크다.

외식업의 성공 여부를 결정짓는 중요한 요소 중 하나인 입지 선택을 잘못 하는 경우도 있다. 입지 선택이 잘못되면 메뉴와 서비스가 아무리 훌륭해도 고객 유입이 어려워진다. 창업자금이 부족해 좋은 입지에 매장을 오픈하기 어려운 자영업자는 유동인구가 적거나 경쟁이 치열한 지역에 매장을 오픈하게 되는 경우가 많아, 결국 매출 부진을 겪는다.

또한 철저한 운영 및 관리는 외식업 성공의 필수 요건으로, 특히 인력 관리와 원가 절감, 서비스 품질 유지 등은 지속적인 성장을 위해 반드시 필요한 요소다. 그러나 대다수 외식업자는 전문성이 부족하기에, 제대로 된 시스템을 구축하기 어려운 상황에

처해 있다. 전문성 부족으로 인력이나 외부 환경 요인의 변화 등에 제대로 대응하지 못하면 매장의 수익성은 크게 떨어질 수밖에 없다. 그리고 외식업은 트렌드 변화에 민감하여 소비자의 취향과 소비 스타일이 빠르게 달라지는 산업이다. 급변하는 트렌드에 대응하지 못하는 외식업체는 고객에게 외면당하고 결국 도태되고 만다.

결과적으로, 경험이 부족한 자영업자가 운영하는 외식업체는 성장의 한계를 겪을 가능성이 높다. 경험의 부족, 잘못된 입지 선정, 운영 및 관리 능력의 미흡, 그리고 트렌드 변화에 대한 대응 부족 등은 이들이 크게 성장하지 못하는 주요 원인으로 작용한다.

외식업이 투자를 만나, 성장의 씨앗을 품다

외식업은 망하진 않는다고 하지만, 사실 그렇다고 크게 성장하지도 못하고 있다. 그럼 이들이 더 크게 성장하려면 무엇이 필요할까?

외식업이 지속적으로 성장하려면 스타트업처럼 공식적인 투자가 필요하다.

사실 외식 시장에서 '투자' 자체는 이미 존재하던 영역이다. 그러나 지금까지 행해진 외식 투자는 비공식적인 투자에 불과했다. 외식업은 전문적인, 즉 공식적인 투자가 뒷받침되어야 비로소 지속 성장할 수 있다. 과거처럼 비기술성을 바탕으로 한 비전문적인 창업에만 맴돈다면, 외식업은 성장하지 못하고 제자리걸음만 하게 된다. 그러므로 외식업에는 투자가 꼭 필요하다.

그렇다면 투자를 받게 되었을 때, 외식업이 얻게 될 것은 무엇일까?

먼저, 투자를 받으면 좋은 입지를 선정하는 데 도움이 된다. 맞지 않는 지역에 전혀 어울리지 않는 업종으로 점포를 시작하는 사례가 생각보다 많다. 이런 곳은 얼마 안 돼 문을 닫게 된다. 아무리 피나는 노력을 해도 입지가 좋지 못하면, 그 노력은 물거품이 된다. '점포의 위치'는 외식업의 가장 기본 요소다. '점포의 위치'가 좋아야, 점포가 번성하고 성공할 확률이 높아진다. 또, 점포의 입지가 좋으면, 비효율적인 경영으로 인해 발생되는 문제점들도 충분히 극복할 수 있다. 그만큼 입지만 잘 선정해도 그 자체가 큰 장점이 되어 많은 약점이 상쇄될 정도로 좋은 조건과 장점으로 작용되는 것이다. 좋은 장소에서 시작하여, 좋은 서비스를 제공하고, 적정한 가격으로 품질 높은 음식이라는 조건을 갖춘 외식업이라면, 더 높이 성장하는 일은 시간 문제일 것이다.

둘째로 투자를 통해 부족한 운영 비용을 메꿀 수 있다면, 그만큼 필요한 성과를 더 증대시킬 수 있다. 투자가 계속적으로 이루어진다면, 브랜드든, 메뉴든 연구와 개발R&D 자체에 더 집중할 수 있어 전문성을 높일 수 있다. 현재 외식 관련 분야는 대체적으로 개발 비용이 넉넉지 않아 R&D에 충분히 투자하지 못하고 있다. 전자공시시스템의 조사에 따르면, 국내 식품기업들은 매출액 대비 1% 수준의 금액만 R&D에 투자한다고 한다. 신제품 개발을 위해 많은 비용과 시간을 들이는 '변화'보다 인기 제품을 판매하는 데에만 의존하는 '안정'을 택하는 양상을 띄고 있는 것이다. 하물며 주요 식품업체 10개사의 2022년 매출액 대비 연구개발비 비중은 0.20~1.17% 수준에 불과하다. 그러니 외식업이 R&D를 위해 얼마나 투자하겠는가?

근래 외식업들은 메뉴 개발이나 상품력보다 홍보와 디자인 등에 더 많이 투자하는 경향을 보여준다. 성장이 더딘 외식시장의 미래를 생각했을 때, 매우 우려되는 부분 중 하나다. 보다 본질적인 부분에 투자하는 것이 중요하다. 홍보나 마케팅 교육에 가장 많은 힘을 쏟거나 개발력 없이 모방하며 직면한 위기를 넘기다 보면 언젠가 한계점에 도달한다. 연구 개발에 힘써 전문성을 키워야 한다. 외식브랜드를 창업할 때 타 브랜드가 따라할 수 없는 독창적인 메뉴를 만들면 결국 독보적인 경쟁 우위를 점할 수 있을 것이다. 외식업자들이 전문 투자를 받으면, 메뉴 개발에 시간과 비용을 더 들일 수 있으니 더욱 차별화된 경쟁력을 키워낼 수 있다.

셋째, 인력 관리를 하는 힘이 생긴다. 외식업은 인력 관리에 투자해야 성장할 수 있다. 이는 실제로 더본코리아의 주요 가맹점을 운영하고 있는 'K&B외식문화'의 사례로 쉽게 이해할 수 있다. 이들은 인력 관리를 중요시 여겨 외식업의 발전을 꾀했다. '투자점장제도'라는 것이 있다. 더본코리아는 이 제도를 통해 인력을 관리한다. 투자점장은 홀 관리자와 주방 조리장 역을 모두 포함한다. 근속 기간 2년 이상인 직원을 투자점장으로 발탁해 신규 점포를 오픈하는 데 투자하도록 한다. 투자한 점장에게는 점포 경영을 맡겨 월별 손익에 따라 성과금을 분배한다. 이러한 시스템을 통해 직원은 소속감은 물론, 주인 의식을 갖고 책임 경영에 나서면서 제2의 창업효과를 누릴 수 있다. 외식업에 투자하는 것으로, 해당 외식업은 자연스럽게 활성화가 이루어지는 것이다.

넷째, 투명성을 제고할 수 있다. 투자를 받음으로써 비로소 외식업 시스템에 투명성이 생긴다. 투자를 받은 기업은 투자금을 목적에 맞게 잘 사용하고 있는지에 대한 정보를 투자자들에게 투명하게 공유해야 하는 의무가 있다. 사업 내용이나 재무 상황, 영업실적 등 기업의 내용을 투자자들에게 알려야 한다. 특히, 경영진 교체나 자본의 변동, 신기술 개발, 신사업 진출 등 경영활동과 관련된 중요한 정보들은 반드시 공시해야 한다.

그러나 아무리 돈을 많이 번다 해도 외식기업들은 상장을 하지 않는 편이다. 투자를 받아 상장하는 순간 기업에 대해 투명하게 공개하게 되면서, 주주들의 간섭을 받는다고 느끼기 때문이다. 한 외식기업 A사는 서비스와 실적 면에서 경쟁력을 갖추어 해당 업종 내 국내 매장 수 1위로 올라서 상장을 이뤄냈지만, 외부요인에 의한 영향을 줄이기 위해 결국 자진 상장폐지를 선택하게 되었다.

투자 시장의 긍정적인 효과는 공정하고 투명한 환경을 이끌어 내는 것이다. 투자를 받지 못한다면, 외식업은 과거처럼 계속해서 오너 중심의 비체계적이고 폐쇄적인 경영을 하게 될 것이다. 공식적인 투자를 받고 투자자에게 신속·정확하게 정보를 공개하는 것이 중요하다. 그래야 외식업이 투명성을 갖춘 시스템을 기반으로 선진적인 경영으로 나아갈 수 있다.

외식업, 투자를 만나 성장의 열매를 맺다

실제로 불안정한 외식 시장 속에서 투자를 받아 안정적으로 성장하고 있는 곳들이 있다.

과거 외식업이 확장하는 유일한 방법은 프랜차이즈였다. 가맹점주의 자본을 활용해 점주들이 투자한 돈으로 브랜드를 확장하는 수밖에 없었다. 그러나 요즘은 자신의 브랜드를 직영의 형태로 하여 수십 개의 매장을 운영하는 경우가 많다. 이렇게 할 수 있었던 이유는 '투자 유치'에 있다.

실제로 국내 외식업에 도넛 디저트 열풍을 불러일으킨 카페 '노티드'의 운영사 'GFFG'는 '알토스벤처스' 등으로부터 300억 원 규모의 시리즈A 투자를 받았다. 단순히 외식업을 넘어 브랜드 포트폴리오 기업을 지향하였기에, 투자를 받아 영역 확대에 박차를 가할 수 있었다.

외식개발기업 'CIC'는 '더티트렁크', '말똥도넛', '버터킹빵공장' 등 50여 개의 매장을 자신의 브랜드로 직접 운영하고 있다. 다수의 매장을 직접 운영할 수 있었던 이유 또한 투자를 받았기 때문이다. 2022년 기준으로 누적 투자금액만 500억 원을 웃돈다. CIC의 성장가능성을 엿본 투자자들이 있었기에, CIC의 브랜드들은 대부분 오픈 6개월 만에 투자금을 회수해 업계의 큰 이목을 끌고 있다. 투자를 받아 하나의 포트폴리오를 만들고, 그렇게 번 돈을 새로운 브랜드를 만드는 데 투자하다 보니 많은 매장을 빠르게 키워낼 수 있었다.

이처럼 외식업이 투자를 받아 매장을 확장해나가고, 그렇게 성공한 매장으로 회수한 투자금을 통해 또 다른 브랜드를 하나 둘씩 만들어나가며 성장을 도모하게 된다. 여기까지가 크게 성장하지 못하는 외식업이 투자를 받아야 하는 이유다. 투자를 받아야만, 더 큰 성장을 이룰 수 있다.

외식업 투자 vs. 스타트업 투자, 뭐가 다를까?

외식업과 스타트업의 투자는 무엇이 다를까?

먼저 투자의 본질적 목적에 대해 살펴보자. 외식업과 스타트업 모두 적절한 시기에 필요한 자원을 투입하여, 높은 수익으로 회수하는 데 그 목적이 있다.

이 성과를 실현하는 데 리스크는 최소화하고, 신속한 투자 성과를 도출하는 것이 중요하다. 그러려면 두 산업의 성장 방식을 이해해야 한다. 그래야 언제 어느 정도의 자금이 필요하고, 그 자금이 어떻게 사용되어 성장을 촉진하며, 어떤 방식으로 수익을 회수할 수 있을지 명확히 파악할 수 있다. 이제 외식업과 스타트업의 성장 과정과 투자 전 단계에 어떤 차이가 있는지 살펴보자.

어떻게 투자하고 어떻게 성장하는가?

다음 표는 외식업과 스타트업의 성장과 투자 형태다.

구분	외식업	스타트업
성장 형태	계단식 성장	급성장(J 커브)
육성 지원	매출 확대 지원	기술 확대 지원
회수 전략	배당모델, 직영/가맹 전환, 마이크로 M&A, 구주 매각(창업자)	M&A, IPO, 구주 매각(투자자)
투자이익	소득이익 자본이익	자본이익
청산 자산	보증금 및 권리금	없음
투자 난이도	낮음	높음

[자료 19] 외식업과 스타트업의 성장&투자 형태

성장 형태를 살펴보면 일반적인 스타트업은 흔히 J커브 형태의 성장이라고 한다. 스타트업은 초기 매출보다는 적자를 감내하고 규모를 키우는 데 집중한다. 규모를 통해 BEP에 도달한 순간부터 폭발적인 성장성을 보여준다.

외식업은 다르다. 외식업은 초기 단계부터 BEP 이상의 안정적 수익 창출이 되어야 하고, 이를 바탕으로 성장해야 한다. 성장 수준 폭은 생산한계성을 통해 절대적 예측이 가능하다. 그래서 점진적인 물리적 확장을 통해 계단식 성장을 하는 산업이라 말한다.

스타트업의 경우, 이러한 성장 형태를 고려한 육성 전략에서 중요한 것이 바로 기술 확보와 기술 격차다. 스타트업의 기술은 투자자들의 투자 수준을 결정하는 수단이 되며 이는 스타트업 성장의 주요 키가 된다. 반면 외식업의 경우 절대적 매출 확대가 중요하고, 그러려면 반드시 지원을 받아야 한다. 지원을 통해 수익성이 증대되면, 매장을 추가 설치하거나 확보된 자본으로 프랜차이즈화하여 사업의 표준 모델로서도 매력도가 높아져 가맹점 모집을 유리하게 할 수 있기 때문이다. 다시 말해 계속 성장을 막는 공고한 진입 장벽이 되는 요소로, 스타트업은 기술, 외식업은 브랜드 매출과 규모의 확장이라고 정리할 수 있다.

흔히 엑시트라고 이야기하는 출구 또는 회수 전략의 차이도 크다. 먼저 스타트업을 살펴보자. 일반적으로 스타트업의 경우 IPO를 목표로 성장과 투자의 마일스톤이 수립되며 과정은 상당히 공격적이다. 기업 중 일부는 IPO 전 M&A를 통해 중도에 매각되기도 한다. 특히나 기업의 규모 단계별 전문 투자자들을 AC→VC→PE 통해 구주舊株*가 매각되는 세컨더리펀드 형태의 회수 시장이 활성화되어 있다.

외식업은 어떨까? 사실 외식업의 출구 전략을 정의하는 전문가들은 많지 않다. 하지만 우리가 업계에서 관행적으로 진행하던 것들을 체계화했을 때 스타트업보다 더 다양한 형태로 회수할 수 있다.

다음은 우리가 정의하는 외식업 회수 전략들이다.

---

* 글자 그대로 옛날에 발행된 주식, 즉 이미 발행되어 있는 주식으로, 대주주나 일반 주주 등이 이미 보유하고 있는 주식이다.

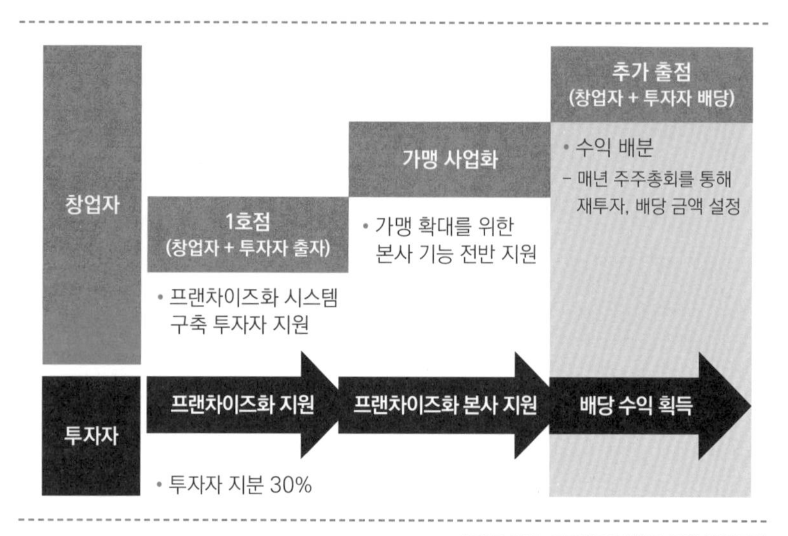

[자료 20] 프랜차이즈화를 통한 배당모델

[자료 20]은 가장 일반적으로 볼 수 있는 회수 전략이다. 프랜차이즈 본사의 매출은 가맹점 설치에 따른 개설 수익과 가맹점에 물품을 공급하는 물류 수익, 그리고 브랜드 사용에 따른 로열티 수익 등에서 발생한다. 특히 가맹 개설 과정에서 들어가는 매출원가 비용이 거의 없기에 영업이익이 50% 이상 되는 경우도 많다. 이에 투자자들에게 돌아가는 배당이익도 상당할 수밖에 없다.

예를 들어, 설립하는 데 약 3억 원의 자본금이 투자된 프랜차이즈 본사가 있다. 여기는 평균 1억 원의 창업비용이 드는 가맹사업 모델을 보유하고 있으며, 1년에 50개씩 가맹점을 유치할 수 있다. 이러한 조건으로 손익 추정을 했을 때 매출은 약 13억 원 수준이며 영업이익은 6억 원 이상 발생할 수 있다. 만약 유보금으로 영업이익을 50% 이상 축적해도 1년 안에 자본금을 회수할 수 있다. 물론 이는 최선의 가정으로 시뮬레이션한 결과이기에 실제 IRR내부수익률, Internal Rate of Return은 이보다 더 낮을 수 있으나 타 사업모델보다 빠르게 회수할 수 있다는 점은 분명한 사실이다.

확실한 '투자금 회수 전략'이 있다

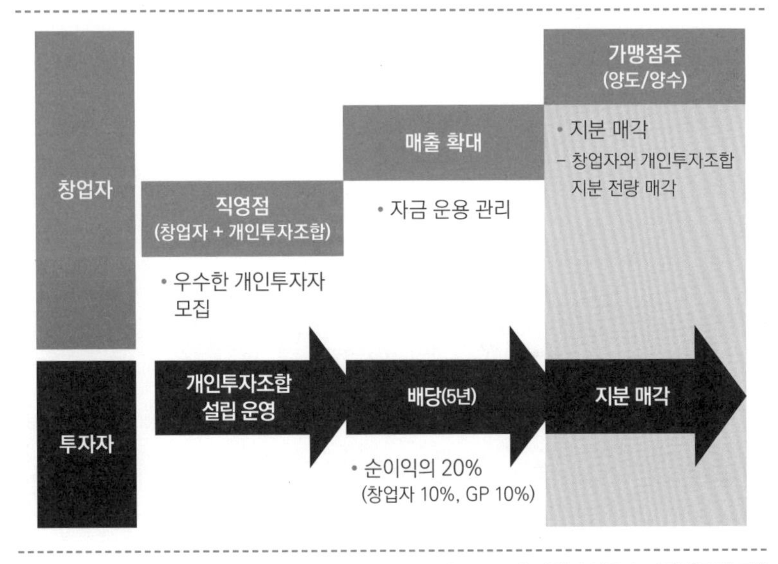

[자료 21] 직영점 선투자, 가맹점 전환 모델

외식업은 프랜차이즈화를 하기 전 주요 거점 상권에 직영점을 공격적으로 출점시켜 시장 반응을 끌어내고 브랜드 인지도를 높이는 전략을 쓰는 경우가 많다.

기존의 매장 1개에서 발생한 영업이익 혹은 대표자의 자본만으로 직영점을 확대하기에는 시간이 걸리기에 보통 투자자들을 모집하여 진행한다. 이때 투자자들은 직접 투자한 직영 매장에서 발생한 이익을 투자 지분만큼 배당 형태로 배분 받는다. 이후 추가 회수 전략이 가능한데 이는 외식업에서만 존재하는 독특한 방식으로, 기존에 투자한 직영점을 가맹점으로 전환하여 매각하는 방식이다.

특히나 이 전략은 직영점이 안착되고 성과가 발현될 때 진행되기에 투자자들 중에 직접 인수하는 경우도 많다. 실제 앞서 잠깐 언급되었던 '옥된장' 브랜드가 대표적인 사례다. 옥된장은 초기에 직영점 모델로만 출점하였는데 프랜차이즈 사업화 후 직영 매장을 하나씩 가맹점으로 전환시켜 매각 차익을 추가 수익으로 배분하였다. 정확한 수치는 언급하기 어려우나, 매각 차익으로만 수 배의 투자수익금을 회수했다고 한다.

M&A 전략도 방법이 될 수 있다. 특히나 일반적인 M&A의 규모보다 작은 5~50억 사이로 이루어지는 마이크로Micro M&A 시장은 앞으로 외식업에서 가장 활성화될 회수 전략 중 하나일 것이다.

현재 많은 프랜차이즈 기업들이 기존 브랜드의 성장을 이어갈 제2의 성장 동력 브랜드를 개발하려고 혈안이 되어 있다. 하지만 1개의 성공한 포트폴리오를 가지고 있는 기업에서 제2의 성공 스토리를 창출해내긴 쉽지 않으며 실제 사례도 많은 것은 아니다.

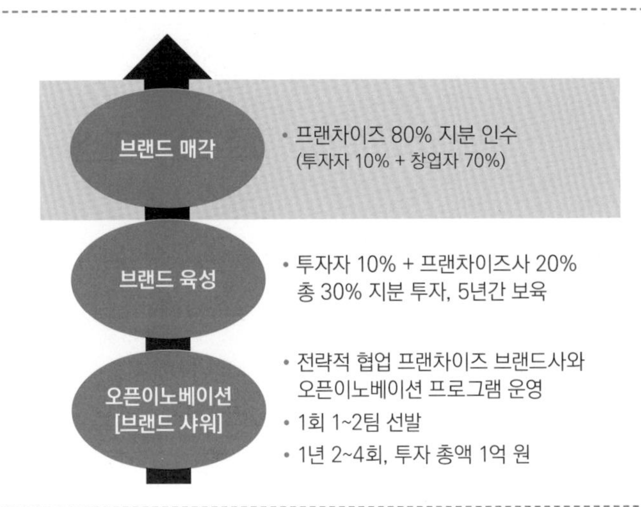

[자료 22] **마이크로 M&A 모델**

그 이유로는 먼저 브랜드 성공 경험이 있다고 하더라도 완전히 다른 업종이나 카테고리로 진입할 경우 해당 업종에 대한 이해도가 다시 필요하기 때문이다.

또 새로운 브랜드를 운영하려면 결국 자원이 더 필요하다는 말인데, 기존 브랜드 운영에도 많은 자원과 에너지가 투입되므로 새로운 브랜드에 충분한 자본과 시간, 인력이 투자되지 못할 수 있다.

그리고 소비자 입장에서 기존 브랜드에 대한 기대치가 높아 새로운 브랜드에 대해 더 크게 실망할 수 있기도 하다.

이러한 난제들을 극복할 수 있는 효율적 대안이 바로 마이크로 M&A이다. 시장에서 이미 검증된 5~50억 원 규모의 유망한 브랜드를 인수, 합병하여 제2의 브랜드로 운영하는 것이다. 그러면 새로운 브랜드를 개발하는 데 따르는 높은 리스크를 줄이면서도 시장 내에서 빠르게 자리 잡을 수 있다.

특히나 이 전략은 성숙한 프랜차이즈 기업들이 새로운 성장 동력을 확보하는 방법으로 향후 더 적극적으로 활용될 것이다. 실제 '본죽'과 '본도시락' 등의 브랜드를 소유한 외식기업 '본아이에프'는 망원동의 '멘지'라는 일본 라멘 브랜드를 2022년도에 인수하였다. 당시 3개의 직영점을 운영하던 멘지는 본아이에프에게 인수되고 나서 2024년 8월 기준 약 12개의 가맹점을 보유한 프랜차이즈 기업이 됐다. 외식기업 중 규모가 있는 기업임에도 불구하고, 직접 브랜드를 개발하지 않았으며 한식 전문 브랜드 역량만 보유하고 있던 자기 기업의 역량을 냉정하게 판단하여 마이크로 M&A를 통해 비한식 업종까지 확대한 것이다. 이 사례에서 보듯 이러한 마이크로 M&A 회수 전략은 점점 더 커질 가능성이 높아 시사하는 바가 매우 크다.

또한 마이크로 M&A는 오픈이노베이션Open Innovation과 결합하여 활용할 수도 있다. 프랜차이즈 기업이 희망하는 업종의 극초기 성장 단계 브랜드를 직접 발굴·투자하고, 브랜드가 목표한 수준까지 성장했을 때 남은 지분까지 인수하는 방법이다. 이 방법은 인수 기업과 피인수 기업에게 각각 확실한 이점을 제공한다. 인수 기업은 낮은 비용으로 필요한 브랜드를 확보하면서, 기업의 경영 방침에 맞게 빠르게 육성시킬 수 있다. 피인수 기업은 초기 투자를 받아 빠르게 성장할 수 있는 동력을 얻고, 명확한 출구 전략으로 리스크를 파훼한다.

외식업 회수시장에서 독특한 전략 중 하나는 창업자 구주 매입이다. 창업자가 경영권을 유지하거나 강화하기 위해 구주를 다시 매입하는 경우가 종종 발생한다. 이러한 전략이 가능한 이유는 외식업이 다른 산업과 차별되는 특성이 있기 때문이다.

먼저 많은 외식 프랜차이즈나 독립 매장들은 적은 자본으로 시작하여 창업자가 직접 경영에 깊이 관여하는 경우가 많다. 이 때문에 외부 투자자가 자본을 투입하여 지분을 확보한 후, 사업이 일정 단계에 이르러 안정적인 수익을 창출하기 시작하면 창업자는 경영권 강화를 위해 구주를 매입하려고 한다. 외식업은 대규모 제조업이나 IT 기업에 비해 상대적으로 멀티플이 낮기 때문에 지분 가치의 변화폭도 크지 않은 데다 매장 매출을 통해 가용할 수 있는 현금유동성이 있기에 구주를 매입하는 데 유연한 선택을 할 수 있다.

또한 외식업 창업자는 브랜드의 정체성과 밀접하게 연관되어 있다. 대중은 창업자를 브랜드와 동일하게 인식하며, 이는 사업 성공의 중요한 요소가 된다. 창업자는 브랜드 애착을 기반으로, 장기적인 비전을 실현하고 브랜드를 지속적으로 성장시키는 전략적 선택으로써 구주 매입을 선택할 수 있다. 이처럼 창업자 구주 매입 방식은 외식업 고유의 특성으로, 논리적이고 효과적인 회수 방안으로 자리 잡고 있다.

다시 말해 이 전략은 창업자와 투자자 모두에게 리스크를 낮

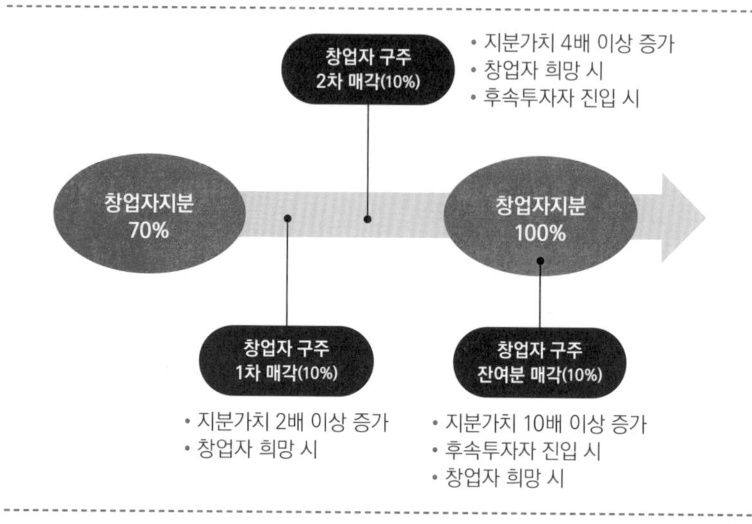

[자료 23] **창업주 구주 매입**

추는 가장 확실한 회수 전략이다.

이 회수 전략을 이해했다면, 투자를 통해 기대하는 이익에도 차이가 있음을 알 수 있다. 스타트업은 보통 기업가치를 높여 지분의 차익을 획득하는 자본이익에 초점을 맞춘다. 사실 스타트업은 적자인 상태로 운영되는 경우도 많고 수익은 재투자로 이루어져야 하기에 배당까지 할 여력이 없다. 이에 보통 5년 이상의 긴 기간 동안, 투자금 회수 없이 오롯이 기업의 가치 상승을 위해 보육 및 지원을 받는다. 상위 20%의 투자자 기준, 초기 시드펀드를 다루는 초기 투자사의 평균 IRR은 약 22.4%로 꽤 높은 수준이다. 다만 투자 성공률이 매우 낮아, 투자수익률을 높이려면 더 많은 투자금을 가지고 많은 기업들에게 투자를 해야 한다. 이는 전형적인 하이 리스크 하이 리턴High risk High return의 투자 방식이다.

하지만 외식업은 조금 상황이 다르다. 매달 발생한 매출이익으로 투자금을 회수할 수 있다. 1개의 매장 기준으로, 업종내에서 상위 20% 매출과 영업이익을 유지할 시 1.5년 이내의 IRR 100% 투자회수가 가능하다. 그렇게 소득이익과 같은 개념으로 투자이익이 발생된다. 추가적으로 스타트업보다는 낮은 수준이지만 앞서 소개한 매각 등의 회수전략을 통해 자본이익을 기대할 수 있다. 우리는 그래서 외식업 투자를 로 리스크 미들 리턴Low risk Middle return으로 정의한다.

상대적으로 재투자가 끊임없이 이루어지는 스타트업에 비하면 외식업은 그렇지 않다는 점은 말하고 싶지 않은 업계 비밀이기도 하지만, 덕분에 투자수익 측면에서는 그 장점이 배가 된다.

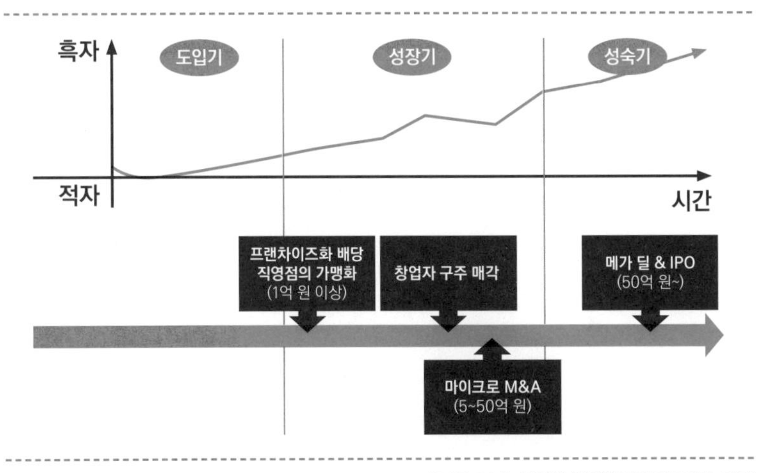

[자료 24] 외식업 성장단계별 투자회수 전략

투자금의 손실 보전, 외식업에서 할 수 있다

외식업과 스타트업 간의 또 다른 중요한 차이점은 청산 자산에서 나타난다. 스타트업과 외식업은 사업이 실패하거나 종료될 때 보유하고 있는 자산의 유형과 그 가치에서 큰 차이를 보인다.

스타트업의 경우 청산할 때 회수할 수 있는 자산이 제한적이다. 대부분의 스타트업은 초기 단계에서 기술, 인적 자원 그리고 잠재적인 시장 가치 등 무형자산 기반으로 성장한다. 그렇기에 청산 과정에서 실제로 회수하기가 어렵다. 대다수 스타트업은 유형자산이 없기에 파산이나 구조조정 시 투자자들이 투자금을 손실할 위험이 크다.

반면 외식업은 매장 임차 보증금, 설비, 인테리어 등의 물리적 자산이 명확하고 사업이 실패하더라도 보증금과 권리금과 같은 것들을 통해 일부 자산은 회수할 수 있다. 거기에 회수 수준을 예측할 수 있으므로 미래 가치만 보고 하는 투자 형태가 아닌, 불가피하게 발생할 수 있는 투자 실패까지 고려하여 투자금의 적정 수준을 파악할 수 있다는 건 꽤 증명된 사실이다. 이는 외식업 투자가 상대적으로 로 리스크 미들 리턴으로 평가되는 중요한 이유 중 하나이며 투자자들에게 보다 안정적인 투자처로 인식될 수 있는 중요한 요소이다.

투자자의 관점에서 외식업 투자는 스타트업 투자에 비해 기업을 이해하고 평가하기가 훨씬 쉽다는 이점이 있다. 운용사GP는 산업의 전문성을 바탕으로 투자 펀드를 조성하지만 출자자LP는 다양한 펀드 중에서 선택해야 한다.

스타트업은 주로 혁신적인 기술이나 서비스를 기반으로 성장하기 때문에 기술 기반의 새로운 산업에 투자하는 경우 해당 산업과 기술을 이해하는 데 상당한 어려움을 겪을 수 있다. 즉 관련 산업에 대한 깊은 이해 없이는 기업을 평가하기가 어렵다. 반면 외식업은 투자자들이 일상적으로 접하고 경험하는 산업이기 때문에 기업을 이해하기가 쉽다. 그러나 투자자들이 이미 고객으로서 경험한 적이 있거나 쉽게 접할 수 있는 분야여서 이용 가능성 휴리스틱Availability Heuristic**으로 기업의 경쟁력이나 차별성을 판단한다. 물론 이는 실질 기업 경영평가와의 차이는 있을 수 있으나, 외식업을 평가하기에 충분히 용이하다.

또한 외식업 투자는 IRR 측면에서도 안정성을 입증한다. 스타트업에 투자하는 상위 20%의 투자사들은 15~20% IRR 수준을 유지하고 있다고 한다. 이는 우리가 제시하는 외식업 투자의 IRR인 15~20% 수준과 동일하다. 하지만 중요한 점은 평균적인 IRR은 비슷하더라도 평균을 만드는 변동폭에서 큰 차이를 보인다는 것이다. 스타트업은 투자 성공과 실패의 변동성이 커 예측하기 어렵다. 스타트업 투자가 성공하면 높은 수익률을 기대할 수 있지만, 실패하면 손실도 커지기 때문에 수익률의 산포도가

** 의사결정을 하거나 판단할 때 떠올리기 쉬운 사례를 우선으로 삼는 것.

넓고 불확실성이 크다. 반면 외식업은 평균적인 변동폭이 작아 수익률의 산포도가 좁고 투자 환경이 안정적이다. 이는 외식업 투자가 예측 가능하고, 리스크가 낮으면서도 합리적인 수익을 기대할 수 있음을 의미한다.

이를 그림으로 나타내면 다음과 같다.

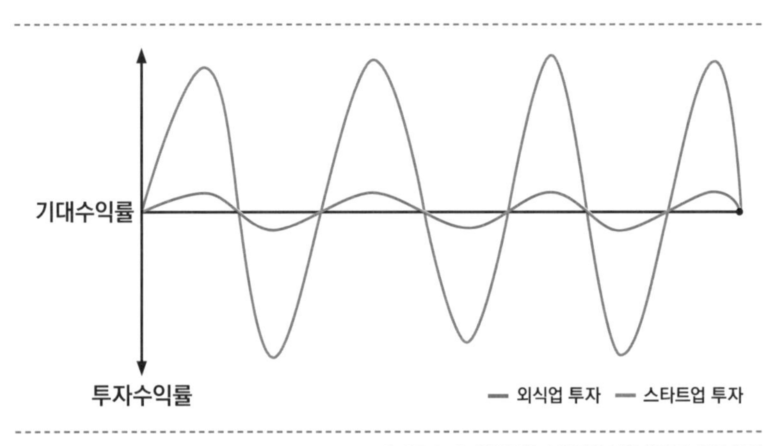

[자료 25] 외식업과 스타트업 기대수익률 형성 과정

이렇게 살펴보니 외식업 투자는 매우 쉬운 투자 수단임에 분명하다.

외식업과 스타트업의 성장 형태부터 투자 난이도까지 짚어보면서 외식업이 투자처로서 얼마나 매력적인지 충분히 설명되었을 것이다. 외식업은 안정적인 자산 구조와 현실적인 회수 전략을 통해 투자자들에게 가시성 있는 기회를 제공할 수 있는 확실한 투자처다. 우리는 이를 일찍이 발견하여 외식업의 특성에 맞춘 새로운 투자 전략을 개발해왔다.

이제 어떻게 외식업에 투자할까?

이전까지의 외식업 투자 방식은 결과는 성공적이었지만 그 과정이 투명하지 않거나 제한적인 경우가 많았다. 특히나 프랜차이즈 등의 투자 모델을 제외하고는, 직접지분 투자하는 방식이라면 투자 기회는 주로 3F 등 제한된 인맥에게만 국한되었다.

이러한 직접 지분 투자 방식에서는 여러 가지 문제점이 발생할 수 있다. 대표적으로 프리라이더 현상, 다시 말해 무임승차 문제다. 외식업의 높은 노동 의존성으로 인해 투자자들이 경영에 직접 참여하지 않으면서도 수익만을 기대하는 경우가 발생해 경영자와 투자자 사이의 갈등을 야기할 수 있다. 반대로 투자자 입장에서는 투자에 따른 책임감으로 인해 불가피하게 노동에 참여해야 할 수 있다는 부담과 직접 사업에 참여하지 않을 경우 경영

상태를 체계적으로 파악하기 어렵다는 면이 있다. 이러한 문제점은 투자 결정을 망설이게 만드는 요인이 된다. 우리는 이를 해결하는 것이 외식산업의 양적·질적 성장의 토대가 될 것이라고 믿는다. 이를 위해 외식 투자 시장의 정보를 투명하게 만들고, 누구나 쉽게 투자할 수 있는 환경을 조성하고 있다.

고정적이면서, 장기적 수익이 보장되는 매력적인 투자

우리는 개인투자조합을 통해 외식 투자상품을 만들었다. 외식벤처펀드라는 공식 명칭을 지닌 이 펀드는 전환사채CB, Convertible Bond 형태로 운영되며, 고정적인 소득이익을 창출하면서도 장기적으로 자본이익도 기대할 수 있는 구조를 지니고 있다. 이 펀드의 주요 특징은 다음과 같다.

첫째, 상대적으로 높은 15~20% 사이의 이자율을 제공한다. 둘째, 연간이 아닌 분기 단위 지급으로 투자수익 회수율을 높였다. 외식업이 매월 안정적인 매출을 발생시킬 수 있는 산업이기에 가능한 모델이다. 셋째, 원금 회수 기간이 일반적인 개인투자조합의 운용 기간인 5년보다 짧은 3년으로 설정되어 있어 투자금을 빠르게 회수할 수 있다. 이러한 투자 기간 설정은 여러 가지 의미를 갖는다. 투자자에게 소득공제 혜택을 유지하면서도 다른 상품에 투자할 수 있는 자금 융통성을 높여주기 때문이다. 이는 특히 기존의 외식업 직접 지분 투자와 비교했을 때 큰 차이점이 있다.

구분	외식벤처펀드 투자	외식직접지분 투자
투자 기회 접근성	누구나 참여 가능 정보 투명성 높음	가족, 지인 중심 정보 비대칭성 존재
투자 상품구조	전환사채	직접 지분 투자, 매장 운영
투자 형태	실물자산 간접 투자	실물자산 직접 투자
수익 구조	1) 이자수익(고정형) 2) 장기적 자본이익(전환 이후)	1) 매장 운영 수익(변동형) 2) 장기적 자본이익
수익률	15~20%/연	0~100%/연
운용 기간	3년	1) 3년 이상(직접운영 모델) 2) 3년 미만(단순 투자)
운영 참여도	없음	높음
투자 리스크	낮음	중간

[자료 26] **외식벤처펀드 투자 vs. 외식직접지분 투자**

외식벤처투자는 이러한 특징들을 통해 누구나 쉽게 참여할 수 있고 정보의 투명성이 높아 투자자들에게 신뢰를 준다. 전환사채를 통해 안정적인 고정수익을 얻는 동시에, 외식업이라는 실물 자산에 투자하여 자본이익도 기대할 수 있는 구조를 가지고 있다. 특히 이 모델은 위탁운영 방식을 채택함으로써 직접 투자의 여러 문제점들을 해결한다. 투자자는 노동 참여의 부담 없이 투자할 수 있으며, 경영자는 과도한 간섭 없이 전문성을 발휘할 수 있어 인적 리스크를 양방향으로 축소할 수 있다. 또한, 외식업 전문성을 갖춘 운용사의 모니터링 시스템을 통해 경영 상태를 체계적으로 파악하고 관리할 수 있다. 3년이라는 운용 기간으로, 투자자들은 적정 기간 동안 수익을 얻고 자금을 빠르게 회수할 수 있다. 반면, 직접 지분투자의 경우 대체로 운용 기간이 더 길며, 고정수익 구조가 없어 장기 투자할 때 리스크가 더 크다. 결과적으로, 기존 외식업 투자는 운영 성과와 시장 변동에 따라 더 높은 리스크를 감수해야 한다. 외식벤처펀드는 고정수익을 보장해 상대적으로 리스크가 낮지만, 이러한 구조는 투자자들에게 더 안정적이고 매력적인 투자 기회를 제공한다.

투자의 재미를 맛보고 싶다면? '탭샵바(TSB)'

우리는 외식벤처 투자를 '탭샵바Tap Shop Bar'라는 브랜드를 통해 실현했다. 탭샵바는 2022년 동대문 1호점을 시작으로 2024년 8월 현재까지 4개의 직영매장을 운영 중인 외식 브랜드로, 다양한 와인을 한 번에 맛볼 수 있는 '탭TAP'과 1,000여 종의 보틀 와인을 구비한 '샵SHOP' 그리고 데일리 푸드를 제공하는 '바BAR'를 결합한 와인전문점이다.

우리는 이 외식기업의 성장성과 대표의 역량 등을 고려하여 현재까지 2023년 11월, 2024년 5월에 2개의 외식벤처 투자펀드를 결성했다. 두 펀드는 각각 연 18%와 연 16%의 고정 이자

수익을 제공하며 3년간 운영한 다음 특별한 가격을 매겨 주식으로 전환되는 전환사채의 구조다. 특히나 고무적인 사실은, 투자에 탭샵바의 단골 고객과 전문 개인 투자자들이 다수 참여하였으며 이들 모두 탭샵바를 좋은 투자 상품으로 인식하고 있었다는 점이다. 이는 기존 3F 방식에서 벗어나, 공개된 투자를 통해 외식업의 가능성과 안정성에 대한 신뢰가 확산되고 있음을 보여준다.

현재 1호 펀드와 2호 펀드의 이자는 정상적으로 지급되고 있으며, 고액으로 투자한 LP의 이자는 분기에만 수천만 원에 달한다. 현재 탭샵바는 2024년 말까지 2개 매장을 추가로 출점하기 위해 준비 중이다. 이 역시 개인투자조합을 통해 자금을 모집할 계획이다.

우리는 투자자를 모집할 때, 이를 단순 투자상품이 아닌 위탁 운영 방식의 준창업 모델로 접근했다. 예를 들어 1억 2000만 원을 투자하면, 매달 1000만 원의 매출이 발생하는 매장에서 16%의 영업이익을 얻는 것과 유사한 수익을 기대할 수 있다는 말이 된다. 이는 안정적인 근로소득을 받으면서 동시에 사업적 소득을 얻고자 하는 이들의 욕구를 충족시키는 투자 형태다.

일반적으로 외식업은 운영 리스크가 크지만, 이 모델에서는 투자자가 직접 운영할 필요 없이 전문적인 경영자가 위탁 운영을 담당하므로 상대적으로 안정적인 수익을 기대할 수 있다. 최근 외식업계 분위기상 영업이익률 15%를 남기면 선방이라고 평가

받는 상황에서 이 모델은 그보다 높은 수익률을 제공한다. 더욱이 최소 1000만 원부터 투자할 수 있어, 소액으로도 투자에 참여할 수 있는 기회가 제공된다는 점에서 매력적이다.

이처럼 외식벤처투자 모델은 기존 외식업 투자의 한계를 극복하고 새로운 패러다임을 제시하고 있다. 투자 접근성 확대, 안정적인 수익 구조, 그리고 효율적인 운영 시스템을 통해 외식업 투자의 혁신을 이끈다. 말하자면, 이 모델은 3F 중심의 폐쇄적 투자에서 벗어나, 누구나 참여할 수 있는 개방된 투자 환경을 조성한다. 전환사채 형태로 운영하며 고정수익과 잠재적 자본이익을 동시에 추구할 수 있으며, 위탁운영 방식을 도입해 투자자의 부담을 줄이고 전문성은 높아졌다. 탭샵바는 이 모델의 실효성을 입증하는 첫 사례다. 투자자들의 적극적 참여는 시장의 신뢰를 보여주는 중요한 지표다. 이 새로운 외식업 투자 방식은 투자자에게는 안정성과 수익성을, 외식기업에게는 새로운 자금 조달 경로와 성장 기회를 제공한다.

결론적으로, 우리는 이 혁신적인 투자 모델을 통해 외식업이 진짜 '다이아몬드'임을 확인할 수 있게 되었다.

Part 3

이제는 기업가형으로 투자받아야 할 시기

외식업 삼중고는 어쩔 수 없는 고질병이지만, 그럼에도 해결할 방법은 있다. 다만 여기서 주의 깊게 볼 게 있는데, 같은 어려움을 겪더라도 '생계형' 자영업자와 '기업가형' 소상공인 사이에는 큰 차이가 있다는 점이다. 당연히, 투자의 대상이 되는 건 기업가형의 면모를 보이는 사람들이다.

투자를 통해 성장해야 한다고?

외식업 시장은 투자자에게 안정성과 성장성 모두를 가져다줄 수 있는 아주 매력도 높은 분야다. 투자자는 이제 외식업에 뛰어들 준비가 되었다. 하지만 만반의 준비를 마치더라도 좋은 투자처가 있어야 투자하는 것이다.

그래서 이제부터는 괜찮은 투자처를 찾아내고, 이미 투자처가 있다면 미리 대비할 수 있도록 예시와 함께 그 방법을 제시하고자 한다.

여기, 상장을 준비하고 있는 두 외식기업이 있다. 로봇 기술을 이용한 1인 피자 브랜드 '고피자'와 '빽다방·한신포차·역전우동·홍콩반점' 등 국내외로 수많은 외식 브랜드를 만들어 뻗어나가고 있는 '더본코리아'다. 고피자의 평균 매출액은 약 200억 원이고 더본코리아는 약 4000억 원으로, 매출에서는 20배 이상의 차이를 보이고 있다. 하지만 놀랍게도 기업가치는 약 4000억으로 동일하다. 심지어 더본코리아의 기업가치는 3500~4000억 원으로 예상되나 고피자는 4000억 원 이상을 바라보고 있다.

어떻게 이 두 기업의 기업가치가 동일하게 평가되는 것일까? 가장 큰 차이는 바로 '기술'에 있다. 우리는 앞서 여러 번 반복을 통해 자영업자에게도 기술이 필요하다는 것을 알게 되었다. 고피자는 처음 스타트업으로 등장할 때부터 기술을 기반으로 한 피자 브랜드라는 점을 강조했고, 단계별로 투자를 받으면서 성장했다. 하지만 더본코리아는 기술보다는 음식의 맛과 서비스에 집중한 전통적인 외식기업으로서, 가격 경쟁력을 갖춘 합리적인 프랜차이즈 사업을 통해 매장 수를 늘려가는 것에 집중했다. 이것이 기술 기반 외식 브랜드와 그렇지 않은 브랜드가 받게 되는 평가의 미래다.

전통적인 외식기업이 새로운 기술을 개발해야 하는 이유는 미국 도미노 피자의 사례에서 잘 알 수 있다. 2010년대만 해도 도미노 피자의 주가는 10달러대였으나, 2020년 300달러를 넘기며 단숨에 세계 1위 피자 브랜드로 올라섰다. 당시 비슷한 주가였던 구글이 현재까지도 200달러를 넘기지 못한 것을 보면 실로 엄청난 성장을 이뤘음을 알 수 있다. 도미노 피자가 단기간에 1위를 달성한 것은 미래 외식 시장의 흐름이 배달로 바뀔 것이라 예측한 결과였다. 피자 메뉴보다도 소비자가 더 편하게 주문할 수 있는 방식과 음식을 더 편하게 가져다주는 방법을 고민했고, 어떻게 하면 서비스에 만족해 재주문할지에 주목한 덕분에 빠르게 시장을 선점할 수 있었다. 도미노 피자는 이때 이미 '테크' 기업으로 인정을 받았다. 기술을 보유한 외식업체는 IT 기업으로 인정받을 수 있고, 기술력을 바탕으로 투자를 받을 수도 있다는 말이다.

스타트업의 투자 사이클을 보면 초기부터 투자를 받은 기업은 몇 년 간격으로 계속 매각과 매입 절차를 반복하며 기업가치를 키운다. 즉 투자가 투자를 낳는 형태로 계속 이어진다. 우리는 외식업도 이런 사이클 속에서 투자를 받아 성장할 수 있을 것으로 보고 있다. 기술 기반의 스타트업이 아니더라도 외식업이 지닌 특수성을 활용해 브랜드 혁신을 이루어낸다면 투자를 통한 성장 가능성을 높일 수 있다고 믿는다. 다만 외식업에 맞는 투자 사이클은 스타트업 투자의 것과는 다소 상이한 부분이 있어 새롭게 접근할 필요가 있다.

외식업의 난제

앞서 외식업은 현금 창출이 쉬워 현금유동성이 좋고 확장 가능성이 넓은 사업이라고 말했다. 하지만 그만큼 생계를 위해 뛰어드는 자영업이기도 하다.

지금 식당을 운영하고 있는 사람 대부분도 전국 판매나 해외 진출과 같은 원대한 꿈을 가지고 창업하기보다는 생계를 위해 식당 창업에 뛰어든 경우가 많을 것이다. 하지만 이 시대에 '생존형 자영업자'의 외식업은 경쟁력을 가지기가 어렵다. 소비자의 취향과 수준도 올라갔고, 세상에는 식당이 너무나 많으며, 무엇보다도 자영업자가 겪어야 하는 수많은 고충들이 이들을 가로막고 있다.

외식업계 삼중고라는 말을 들어봤을 것이다. 가뜩이나 짧은 외식업 평균 수명을 더 단축시키는 요인을 말하는데, 대표적으로 인건비와 임차료, 재료비가 여기 해당한다. 그럼 실제로 자영업자와 음식업종의 평균 수명은 얼마나 될까?

창업을 두렵게 만드는 경기불황

우선 통계를 통해 정리해보았다.

경기도시장상권진흥원에서 발행한 〈월간브리프〉 자료를 보면 경기도 소상공인을 기준으로 2019년의 5년 생존율은 60.8%였는데, 2023년에는 44.3%로 하락했음을 알 수 있다. 팬데믹 발생 이전에는 그래도 5년 이상 생존하는 매장이 과반수는 넘었는데, 코로나를 지나면서 급격하게 상황이 어려워진 나머지 50% 이상의 사업자가 어려움을 이겨내지 못한 것이다. 전국 단위로 집계되는 국세청의 폐업 신고 자료를 봐도 마찬가지다. 2023년 폐업 신고 사업자는 총 98만 6,487명으로 2006년 이후 최고치를 기록했다. '사업 부진'을 이유로 폐업한 사람들은 약 49만 명으로 폐업자의 거의 50%에 달하는 수치였다.

5년 생존율을 더 자세히 살펴보면 2023년 기준 업종별 생존율은 소매업 48.9%, 서비스업 51.9%, 음식점업 35.3%다. 소매업 64.2%, 서비스업 65.7%, 음식점업 54.1%이던 2019년과 비교했을 때 음식점업은 거의 20%에 가깝게 감소했다. 다른 업종과 비교해도 현저하게 떨어지는 수치인 데다가, 1년과 3년 생존율에서도 마찬가지로 음식점업이 가장 낮게 나오는 걸 알 수 있다.

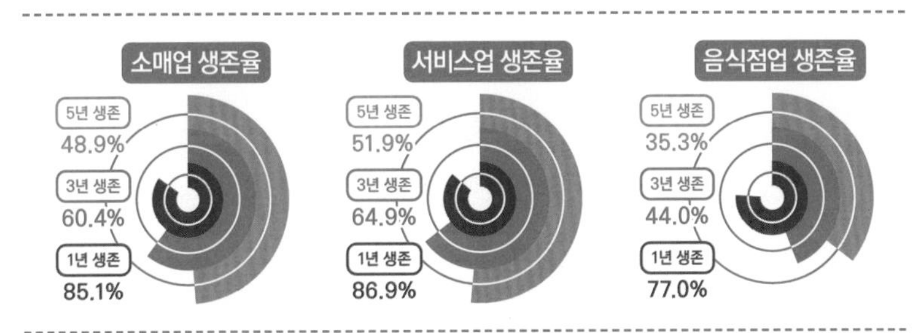

[자료 27] 2023년 업종별 경기도 소상공인 생존율(출처: 경기도시장상권진흥원, 상권영향분석서비스)

경기도 내 음식점 중 한식 면요리 전문점과 제과점업의 5년 생존율은 29.4% 포인트 감소로 가장 큰 하락폭을 보였고, 한식 해산물 요리 전문점은 26.9% 포인트 감소했다고 한다. 특히 끝을 모르고 생겨나는 커피전문점의 경우, 평균적인 유지 기간이 겨우 3년 1개월에 그치는 것으로 조사됐다. 최근 5년은 팬데믹이라는 특수상황이 겹쳤다는 점을 감안하고 보더라도, 생계를 위해 식당 창업에 도전했던 사람들에게 매우 어려운 시기였음은 명백하다.

이처럼 자영업자, 특히 '외식업계 자영업자'가 겪는 고충은 우리 사회 변화와 큰 연관성이 있다. 인건비와 임차료, 재료비의 등락은 외식물가에 고스란히 반영된다. 게다가 우리 사회는 팬데믹 시기를 지나며 온라인과 비대면 소비패턴이 증가했다. 물가 상승과 더불어 치솟는 배달비로 인해 배달을 하면 손해를 보는 경우도 허다하다. 한 끼에 1만 원이 넘지 않는 음식을 찾아보기가 더 힘들 지경이다 보니, 비싼 값에 지친 소비자들은 커피값이라도 아끼려 2,000원짜리 커피를 찾는다. 맛보다 가성비를 중요하게 여기는 이 시대에, 최저가 싸움에서 개인 브랜드가 프랜차이즈를 이길 수 있을지 의문이 들기도 한다.

2020년의 시간당 최저임금은 8,590원으로, 월급으로 환산하면 약 179만 원이었다. 4년이 지난 2024년 현재 최저시급은 9,860원으로, 월급은 206만 원대이다. 물론 최저시급이기 때문에 실제로 지급하는 비용은 그보다 높았을지도 모른다. 2025년 최저시급은 사상 최초로 1만 원을 돌파했다. 물가가 오른 만큼 메뉴 단가도 올리는 추세지만, 그만큼 또 나가는 비용도 함께 증가하다 보니, 자영업자들은 이 비용을 줄이기 위해 온갖 방법을 찾는다. 외식 자영업자에게 가장 부담이 되면서도 가장 먼저 아낄 수 있는 비용이 무엇이냐 물으면, 단언컨대 인건비라 답할 것이다. 직원을 줄이고 대표자 본인이 매장 운영에 시간을 더 들이면, 몸은 힘들지언정 원가는 확실하게 줄일 수 있기 때문이다.

외식업은 3D[Dirty, Difficult, Dangerous] 업종으로 여겨지기도 한다. 특히나 식당 주방일이 그러하다. 보통 주6회 근무는 물론, 하루 근로시간도 10시간 이상인 경우가 흔하다. 이러니 아무리 월급을 많이 준다고 해도 직원을 구하기가 여간 어려운 일이 아니다.

	2013	2014	2015	2016	2017	2018	2019	2020	2021	2022	2023
취업자	25,299	25,897	26,178	26,409	26,725	26,822	27,123	26,904	27,273	28,089	28,416
자영업자	5,703	5,720	5,622	5,614	5,682	5,638	5,606	5,531	5,513	5,632	5,689
고용원 있는 자영업자	1,533	1,581	1,609	1,584	1,608	1,651	1,538	1,372	1,307	1,365	1,420
고용원 없는 자영업자	4,169	4,139	4,013	4,030	4,074	3,987	4,068	4,159	4,206	4,267	4,269
비중	22.5	22.1	21.5	21.3	21.3	21.3	20.7	20.6	20.2	20.1	20.0

[자료 28] **고용원 없는 자영업자 수치 표(단위: 천명, %) (출처: 통계청, 경제활동인구조사)**

근로일수를 줄이고 아르바이트생을 뽑으면 금방 그만둔다는 문제가 있고, 정규 직원을 채용하자니 높은 노동강도에 지원자가 없어 사업주도 울며 겨자먹기로 적은 인원으로 매장을 운영하게 된다. 직원이나 아르바이트생을 고용하지 않고 혼자 운영하거나 가족 운영을 하는 식당이 많아졌는데, 보통 이런 경우 쉬는 날도 없이 일을 하다 건강이 나빠져 문을 닫는 자영업자도 흔히 볼 수 있다.

점포의 흥망에 상관없이 매달 지불해야 하는 임차료도 어려움에 중대한 지분을 차지한다. 임차료를 매장의 사정에 따라 조절해서 받는 건물주는 사막에서 바늘 찾기 수준이다. 그나마 계절을 타지 않는 식당이라면 좀 덜하다지만, 여름 매출이 월등히 높고 겨울 매출이 상대적으로 낮은 음료 매장의 경우 겨울의 임차료나 관리비가 더 부담될 수밖에 없다.

2024년 중순, 대전의 터줏대감 빵집 '성심당'이 대전역점 임차료 문제로 이슈였다. 원래 역에 입점하는 업체는 매출의 일정 퍼센트를 코레일유통에 임차료로 내야 하지만, 성심당의 경우 역내 입지가 좋지 않은 점포를 임차하는 조건으로 월세를 1억 원만 내고 있었다. 그런데 이 점이 감사에서 문제가 되었고, 성심당은 최저 수수료율인 17% 기준으로, 4억 5000만 원의 월세를 내야 하는 상황에 처했다. 매출이 높을수록 월세를 더 내야 하는 공공 공간의 특성상 어쩔 수 없이 발생하는 문제이기는 하지만, 임차료라는 건 소상공인이든 대기업이든 누구에게나 부담이 되는 것이 사실이다.

자영업자는 전 지구적 상황으로부터 영향을 받는다

한국은행이 발표한 〈고물가와 소비〉 보고서에 따르면 2021년 이후 최근까지 4년 간의 누적 소비자물가 상승률은 12.8%로 나타났다. 2010년대 같은 기간 평균이 5.5%였던 것과 비교하면 2배가 넘게 높아진 수치다. 이제는 삼겹살 1인분에 1만 6,000원 이상을 주어야 겨우 150g 정도 먹을 수 있는 시대가 되었다. 둘이서 고기 2인분에 간단히 소맥 한 잔만 마셔도 4만 원이 금방 넘어가는 것이다. 소비자 입장에서는 메뉴 가격이 1,000~2,000원만 올라가도 부담을 느껴 외식을 자제하게 된다.

자영업자의 입장은 어떨까? 소비자가 물가 상승을 체감하기 이전에 자영업자는 먼저 비용의 압박을 느낀다. 원재료비는 물론 인건비나 임차료 등 기본적인 비용이 상승하다 보니, 판매가를 올리고 싶지 않아도 올려야만 매장 유지가 가능한 상황에 맞닥뜨리는 것이다.

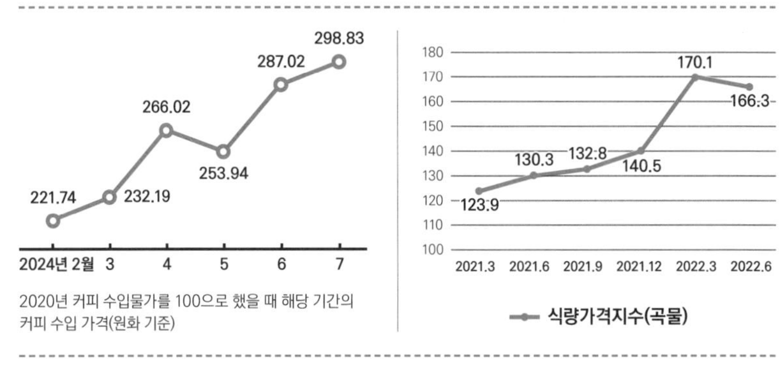

[자료 29] 원두 수입물가지수(왼) 국제곡물식량가격지수(오) (출처: 한국은행, KOSIS)

게다가 원재료비의 경우 국내 환경뿐만 아니라 전 지구적인 상황에 영향을 받기도 한다. 특히 커피나 카카오 등 국내 생산이 되지 않는 재료들의 경우 온전히 현지 상황을 따라야 하는 문제가 있다. 2020년의 수입물가지수를 100으로 보았을 때 2024년 2월 커피 수입물가지수는 221.74였다. 5개월 후인 2024년 7월 커피 수입물가지수는 298.83으로 거의 300에 가까운 수치를 보이고 있다. 기후변화로 인한 생산지 문제는 물론, 전체적인 임금과 유통 비용이 증가한 탓에 원두 수입 가격이 계속 상승하는 추세다.

재료비 때문에 판매가가 상승하는 현상은 이미 대기업에서도 일어나고 있다. 스타벅스의 경우 가장 많은 고객이 구매하는 톨 사이즈 음료의 가격은 동결했지만, 그란데와 벤티 사이즈의 판매가를 올려 사이즈 간 금액 차이가 무려 800원으로 증가했다. 저가형 커피 프랜차이즈인 '더벤티' 역시 카페라떼 등 아메리카노를 제외한 음료의 가격을 200원에서 500원까지 올렸고, 인스턴트 커피를 내는 롯데네슬레도 출고가를 7% 인상했다. 프랜차이즈도 감당이 되지 않는 원두값 상승이라는 부분이 자영업자에게는 얼마나 크게 다가올지, 직접 물어보지 않아도 예상이 된다.

지난 2022년 러시아와 우크라이나 사이에 전쟁이 일어났다. 우크라이나는 대부분 곡물 위주의 수출을 하는 농업 국가다. 러시아는 전쟁이 시작된 후 흑해를 통한 우크라이나 곡물의 수출을 보장해온 협정을 중단한다고 발표했다.

더불어 원달러 환율과 해상운임 등이 상승하면서 밀과 옥수수, 콩 등의 곡물 가격이 치솟기 시작했다. 유엔식량농업기구 FAO Food and Agriculture Organization of the United Nations의 발표에 따르면 2014~2016년 기준 100이었던 세계식량가격지수 중 곡물의 평균 가격이 2022년 3월 무려 170.1을 기록하며 최고치를 보였다. 국제적인 곡물가격의 상승은 곧 한국 식품업계에도 제품 가격 인상으로 영향을 미쳤다.

사실 인건비는 매년 최저임금이 우상향으로 상승하기 때문에 예측이 가능하다. 임차료도 통상 물가에 따라 변화하는 것으로 받아들여진다. 하지만 재료비는 대체로 생산량과 유통 상황에 크게 영향을 받는다. 그만큼 상승을 예상하더라도 가격 변동폭이 커서 운영 통제력에서 자주 곤혹을 겪게 된다. 또한 감당하기 어려운 재료비에 결국 판매가를 올리면 고객은 비싸진 금액만큼 더 좋은 서비스를 원하고, 그게 충족되지 않으면 지갑을 닫아 어려운 상황은 자주 반복될 수밖에 없다.

생계형 자영업자 vs. 기업가형 소상공인

자, 그럼 힘들 만큼 힘이 든 외식업계 사람들이 이대로 무너지는 걸 보고 있어야만 할까? 외식업 삼중고는 어쩔 수 없는 고질병이지만, 그럼에도 해결할 방법은 있다. 다만 여기서 주의 깊게 볼 게 있는데, 같은 어려움을 겪더라도 '생계형' 자영업자와 '기업가형' 소상공인* 사이에는 큰 차이가 있다는 점이다. 당연히, 투자의 대상이 되는 건 기업가형의 면모를 보이는 사람들이다.

외식업 삼중고의 공통분모는 결국 비용이다. 당장 매출이 발생하기만 하면 현금창출이 어렵지 않지만, 영세한 자영업자의 경우 매출이 발생해도 그때 그때 나가야 하는 비용을 통제하지 못

* 용어의 혼란을 줄이기 위해 일반적인 생계형 외식사업자는 '생계형 자영업자'로, 기업가적 사고를 보이는 사람들은 정부의 공식 용어인 '기업가형 소상공인'으로 통일하겠다.

해 사업 부진을 겪는 일이 잦다. 바꿔 말하면, 비용적인 문제가 해결되면 충분히 매장을 잘 운영하고 성장시킬 수 있다는 말이기도 하다. 이와 다르게 외식업을 생계형 자영업이 아닌 '음식과 기술 기반의 스타트업'으로 생각하고 지속적인 성장을 추구하는 기업가형 소상공인의 경우, 매출을 증가시켜 고정화된 비용을 상쇄시키는 쪽에 집중한다. 그러기 위해 투자를 받아 사업을 급격히 성장시키기도 하고, 식당 운영 외의 다른 비즈니스로 사업을 확장해 부가적인 매출을 창출하기도 한다.

우리는 여기에서 생계형 자영업자와 기업가형 소상공인의 차이를 발견하고, 성장을 추구하는 기업가들의 태도를 파악하여 근본적인 해결 방안을 확인해보자.

인건비를 줄이기 위한 2가지 상반된 방법

생계형 자영업자가 인건비를 줄일 때는 가장 먼저 직원을 줄인다. 사람의 단순노동을 대체할 기계를 들여오는 것이 이들에게는 최고의 해결 방법이기 때문이다.

이를 위해 많은 자영업자는 디지털 전환을 시도한다. 디지털 전환이란 소상공인이 아날로그적인 매장 운영방식에서 벗어나 다양한 기술을 사업에 접목하는 것을 말하는데, 점포의 자동화·무인화부터 운영 시스템의 디지털화나 온라인 플랫폼 활용 등

광범위한 디지털 기술을 통틀어 일컫는다. 그래서 주문은 손님이 직접 키오스크나 테이블오더를 이용하도록 하고, 사람이 꼭 필요한 곳이 아니라면 서빙로봇을 사용하는 매장이 많아지고 있다. 이런 추세에 따라 '푸드테크'라고 불리는 외식업과 관련된 IT 기술을 기반으로 하는 스타트업이 많이 생겨나고도 있다.

소상공인시장진흥공단이 진행한 '2023년 소상공인 디지털 실태조사'를 보면 이 디지털 전환 필요성에 대해 긍정적인 응답을 한 소상공인은 85%, 실제로 디지털 기술을 도입할 의향이 있는 소상공인은 70%로 나타났다. 하지만 실제 도입률은 29%로, 디지털 전환을 희망하는 소상공인은 많지만 실제 스마트 기기 보급률은 아직 낮은 상황이다. 이런 점을 이미 잘 알고 있는 정부에서는 다양한 지원사업을 시행하고 있다. 중소벤처기업부 역시 소상공인과 자영업자 종합대책으로 키오스크·서빙로봇·테이블오더 등 '자동화 스마트 기술보급 지원 확대' 방침을 내놓았다. 서비스 품목에 따라 50~70%의 비용을 최대 1000만 원까지 보조해 올해 약 6,000대의 스마트 기기를 공급하겠다는 계획을 세웠다. 이처럼 비용을 줄이기 위해 푸드테크 기술을 도입하고 디지털 전환을 시행하는 것이 소상공인에게 필수가 되어가고 있다.

하지만 디지털 전환이 마냥 좋은 것만은 아니다.

사실 매장의 서비스를 개선할 때 사람을 줄이면 안 된다. 더 많은 인력을 갖추고 체계화된 시스템을 만들어야 하기 때문이다. 키오스크나 서빙로봇은 당장의 인건비용을 해결하는 데에만 초점을 맞춘 방안인지라 장기적인 성장에는 도움이 되지 않는다. 상주 인력을 줄일수록 매장은 소형화되고, 소형화가 될수록 1인 기업이 되며, 1인 기업은 결국 자영업자 그 이상으로 발전하기 쉽지 않기 때문이다. 즉 단순히 디지털 기기만 도입해서는 당장의 위기를 넘기는 임시방편은 될지 몰라도 인건비 문제가 근본적으로 해결하는 것은 아니다.

하지만 기업가형 소상공인은 현재 서 있는 곳에서 한발 더 앞을 내다본다. 똑같이 인력을 줄이더라도 비용 절감을 위해서라기보다 매장 운영을 효율화하는 데에 집중한다. 예를 들어 자영업자는 단순 노동을 대체하기 위한 수단으로 키오스크를 도입해 고객에게 서비스를 전가한다면, 기업가는 생산성의 향상과 생산량 증대를 위한 주방 로봇 등 다른 방식의 기술을 도입한다. 더불어 ERP와 같이 경영의사를 결정하는 시스템을 활용해 하나의 '기업'을 운영하듯 식당을 운영하기도 한다.

우리가 생계형 자영업자들이 기업가형 소상공인으로서의 사고를 깨우치고 성장을 추구해야 한다고 말하는 이유가 바로 여기에 있다.

떡볶이 브랜드 '청년다방'을 운영하는 한경기획의 한경민 대표가 한 인터뷰에서 이렇게 말했다.

"폐업률을 낮추고 본사와 가맹점이 상생할 수 있도록 데이터화 시스템을 구축하는 것이 중요하다."

한경기획은 IT 전략 연구소를 별도로 세워 자체적인 IT 시스템을 개발해 사업에 적용하고 있을 정도로 푸드테크에 진심인 기업이다. 업무의 효율을 높이려면 가맹관리나 배달관리 등의 디지털 시스템을 필수적으로 갖춰야 한다고 생각하고 있으며, 실제로 자체 개발한 ERP 솔루션과 상권분석 시스템 등 예비 점주와 가맹점주가 사용해야 하는 부분을 전부 디지털화했다. 이 디지털 시스템은 청년다방이나 '은화수식당' 같은 자체 브랜드 및 한경기획에서 인큐베이팅하는 6개 브랜드에서 각각 활용하고 있기도 하다. 이처럼 성장하는 자영업자가 되기 위해서는 디지털 전환을 더 넓은 시각에서 바라볼 필요가 있다.

외식업도 목적구매는 하게 해야 한다

투자자에게 비슷한 역량과 기술이 있는 매장 2곳 중 하나를 고르라고 한다면, 당연히 입지가 더 좋고 유동인구가 많은 상권에 있는 점포를 선택할 것이다. 그만큼 같은 조건에서 상권이 지니는 의미는 상당하다.

사업을 시작하기 전 누구나 상권분석을 실시하며, 이 상권분석은 내가 만들어낼 매출에 비해 해당 상권이 적절한지를 판단하는 기준이 된다. 목적구매**가 이뤄지는 선매품은 입지가 좋지 않

** 충동구매와 반대되는 것으로, 목적을 가지고 상품을 구매하는 것을 말함.

아도 찾아오지만 외식업은 서비스 관여도가 높아 일단 눈에 띄어 관심을 유발해야 하다 보니 유동성 좋은 입지가 필요하다. 잘되는 가게의 조건으로 가장 먼저 입지가 꼽히는 이유가 있는 것이다.

실질적으로 유동성 좋은 입지는 임차료가 높을 수밖에 없어 임차료 절감을 위해 상권이 좋지 않더라도 월세가 저렴한 곳을 선택하는 경우도 많다. 하지만 이 방법은 사업 초기 당장의 임차료를 줄이기 위한 단편적인 대책에 불과하다. 배달 서비스가 증가하면서 임차료가 적은 배달 전문 매장을 창업하는 경우도 많아졌지만, 역시 배달 수수료와 마케팅 비용 등을 추가로 지출하게 되며 결론적으로는 임차료만큼의 수수료를 배달 플랫폼에 내고 있다. 부동산 임차료 문제를 해결하는 데 온라인 상권분석 도구를 활용하거나 월세가 저렴한 상가를 찾는 건 성장을 위한 근원적 솔루션이 되지는 않는다는 것이다.

기업가형 소상공인도 임차료는 부담되지만, 이들은 임차료를 줄이려고만 하지 않는다. 이런 선택이 눈앞의 위기만 넘기는 단기적인 임시방편임을 알기 때문이다. 기업가형 소상공인은 첫째로는 입지가 조금 좋지 않더라도 브랜딩을 강화하여 소비자가 자신의 매장에 목적구매를 위해 방문하도록 한다. 혹은 건물주와 합의해 매출에 따른 수수료 지급 방식으로 임차료를 정산하면서 좋은 입지에서 오는 임차비용 리스크를 상쇄하거나, 상가 매입이나 부동산 개발을 통해 부동산 자산화를 이뤄 원천적인 비용 발생을 막는다.

결국 규모의 경제로 극복해야 한다

재료비 절감 측면에서도 차이가 있다. 보통의 자영업자라면 재료비를 줄이기 위해 더 저렴한 가격에 원재료를 떼어오기 위한 노력한다. 식재료의 중간 마진을 줄이려 유통업자를 통하지 않고 구매하기도 하고, 자체 생산이 가능한 것들은 직접 만드는 경우도 있다. 심지어 프랜차이즈 매장은 정해진 제품을 이용해야 함에도 불구하고 본사 모르게 저렴한 타사 제품을 이용하여 품질을 낮추는 문제가 종종 발생한다. 그러나 이 방법은 근본적으로 투입되는 원재료 비용을 월등히 낮추기는 어렵다.

결국, 실제적인 절감을 위해서는 비용상쇄가 되는 방향으로 매출을 늘려야 하고, 그러려면 비슷한 원가로 큰 효율을 내는 규모의 경제가 필요하다.

코로나19 시대를 지나며 많은 외식업체는 오프라인 매장 운영의 효율성을 점검해볼 수 있는 기회를 접하게 되었다. 비대면이 강조되며 배달과 테이크아웃 전문점이 증가하면서 오프라인 산업이라고만 생각했던 외식업이 점점 온라인 형태로 바뀐 것이다. 배달 플랫폼 없이는 배달 주문을 받기가 어려워졌고, 네이버 플레이스에 등록되지 않은 업체는 입소문은커녕 이 식당이 어떻다더라 하는 후기조차 공유되기 어려운 시대가 되었다. 맛있는 음식은 밀키트로, 배송 패키지로 만들어 팔아달라는 문의가 속출한다. 온라인 진출이 제조업이나 도소매업에서만 필요한 일이 아니라는 뜻이다. 이를 위해 외식업계도 오프라인 매장 운영 외에 다른 경로를 통해 추가적인 수입을 벌어들일 방법이 필요하다.

밀키트 상품은 일반 공산품처럼 전국적으로 판매할 수 있다. 오프라인 매장이 있는 경우 식당 내에서 밀키트를 따로 팔기도 하는데, 일반적인 포장과는 달리 원하는 때에 음식을 조리해 먹을 수 있고 가공포장 되어 있다는 점에서 비조리 포장보다 위생적이기도 하다. 또 오프라인 매장이 없거나 임차료 문제로 홀이 작더라도 충분히 수익을 낼 수 있다는 것이 특징이다.

프레시지나 데일리쿡 같은 대형 밀키트 업체가 2022년도 이후 폭발적으로 성장하고 있는데, 프레시지의 경우 최근 3년간 연평균 47%라는 매출 성장을 기록 중이다. 누적 밀키트 판매량은 약 4000만 개를 기록하면서 국민 10명 중 8명은 프레시지 제품을 먹어보았다고 해도 과언이 아닐 정도다. 편의점이나 대형 유통사도 자사 PB 상품을 출시하기 시작한 지 오래로, 밀키트 상품은 꾸준한 수요가 있다. 실제로 쭈꾸미 요리를 판매하는 인천의 '송쭈집'은 원팩 형태로 쭈꾸미를 포장해 판매하고 있으며, 라이브 커머스에 입점해 100억 원 매출을 낸 이후 법인을 설립할 정도로 크게 성장했다. 임차료나 인건비는 사실 고정비이지만, 재료비는 변동비다. 매출이 증가할수록 더 많이 투입되는 비용이기 때문이다. 그러나 매출이 좋다는 것은 회전율이 좋아 버려지는 식재료가 줄어든다는 것이고, 낭비되는 재료가 줄어들면 순이익이 증가한다. 다시 말해, 재료비를 줄이는 노력보다 식품의 기술력과 마케팅으로 판매채널과 입지를 확장시켜 재료원가율을 극복하는 것이 바로 기업가형 소상공인들의 전략이라고 할 수 있다.

핵심은, 작을 때 가치를 알아보는 것!

인건비, 임차료, 재료비는 계속 상승하며 외식업에 직접적 비용이 되는 만큼 그 영향도 매우 크다. 그보다 더 큰 문제는, 일시적으로는 각 문제를 해결할 수 있을지라도 하나를 해소하면 다른 문제가 도출되어 결국 완전히 극복할 수 없다는 점이다.

기업가형 소상공인들은 당장의 고비를 넘기는 것이 아닌 그 이후를 고려한 해결방안을 선택한다. 인건비를 해결하기 위해서 효율성과 생산성을 높이고자 기술을 활용하고, 임차료를 해결하고자 부동산을 자산화하거나, 브랜드를 강화하여 유무형 가치를 증진시킴으로써 목적성 구매를 키운다. 재료비를 해결할 때는 R&D를 통해 상품개발력을 높여 매장이 없어도 판매가 가능하도록 판로확장을 한다. 혹은 앞서 다루진 않았지만 기업형 모델인 프랜차이즈의 전용상품 혹은 해외수출용 상품이 되도록 해 성장하기도 한다.

자영업자가 겪는 외식업 삼중고 문제를 장기적으로 해결하기 위해서는 기업가형 소상공인의 사고로 바라보아야 한다. 다만,

이런 기업가형 소상공인의 해결방식은 결국 자금조달과 연결되고 자영업자에게 자금조달은 가장 핵심적인 이슈라는 점은 새겨야 한다. 우리는 내·외부의 투자를 통해 이 문제를 해소할 수 있다고 생각한다. 외식업은 이미 3F라는 비공식적인 투자방식으로 성장해왔다. 외식업계에도 전문투자가 있어야 한다고 생각하는 입장에서, 스타트업의 자금조달 방식처럼 정책적이고 전문적인 투자가 정부차원에서 확대되고 있는 것은 매우 반가운 일이다.

최근 정부에서는 외식업계의 디지털 전환 지원과 기업가형 소상공인 양성 등 다양한 사업을 진행하고 있다. 2022년 윤석열 정부 출범 시 공표한 110대 국정과제 1호가 '소상공인의 완전한 회복과 새로운 도약'이었다. 정부에서도 소상공인에 관한 사업은 중책으로 다루고 있다는 뜻이다. 과거와 달라진 점은 자영업자와 소상공인을 더 이상 보호하거나 지원해야 하는 대상이 아닌, 육성과 성장의 대상으로 보고 있다는 점이다. 가능성 있는 소상공인이 더 성장할 수 있도록 하는 데 집중하겠다는 뜻이다.

실제로 '강한소상공인 성장지원사업'은 오디션을 거쳐 혁신적인 아이디어를 가진 소상공인을 발굴하고 다양한 분야와의 융합을 지원하는 사업으로, 소상공인에게 도움을 줄 수 있는 창작자와 스타트업, 제조사를 연결해 하나의 팀을 구성한다. 그렇게 최종 선발된 팀에는 멘토링과 사업모델 고도화 자금지원 등을 통해 스케일업을 꾀한다. 창의 기반 교육을 진행하면서 투자자를 통한 펀딩과 같은 자금 연계가 들어가는 등 기존의 스타트업

육성 방식과 꽤 유사하게 소상공인의 육성을 도모하는 것이 특징이다.

다른 점이라고 한다면 투자 방식이다. 스타트업 생태계는 고위험·고수익을 추구하는 경향이 많아 기술 개발의 정도나 제품의 완성도, 가능성에 따라 점점 더 큰 규모의 자금을 투자할 수 있는 대형 투자사들이 많이 진입한다. 반면 소상공인, 특히 외식업은 개인 사업자가 다수이며 대부분 저위험·저수익의 구조를 가지고 있어, 지역 주민 투자자와 동네 소상공인을 연결하는 '우리동네 크라우드펀딩'과 같은 소규모 펀딩 프로젝트를 활용하는 경우가 많다.

2022년 강한소상공인 첫 선발 시 경쟁률은 38 대 1이었고, 2023년에는 44 대 1로 경쟁률이 증가했다. 심지어는 전통시장이나 골목상권에서도 관련 사업이 소개된 덕분에, 청주 육거리 시장의 '칼로리 제로 만두'나 강원도 춘천의 '감자빵'이 본 사업에 선정될 수 있었다.

그러나 이런 정책들이 지속적으로 이뤄지기는 쉽지 않은 실정이다. 지원사업이 매년 있지만 대부분 새로운 창업자를 선발하다 보니 이미 사업을 운영하는 기창업자는 참여가 어렵고 짧은 기간 내 지원해주는 경우가 대다수여서 지원사업 종료 후 관리가 전혀 되지 않고 있다는 문제도 있다. 지원대상자로 선정됐던 기업들이 지금까지 잘 남아 있는지, 사업 종료 후 어떤 후속 관리를 받고 있는지, 정부 차원에서 일일이 관리하기는 쉽지 않기 때문에 스마트 기기 지원사업도 유사하다. 매장에 스마트 기기를 도입만 시키면 사업이 종료될 뿐, 이후에 입점한 기기에 대해 관리나 추가적인 지원이 들어가지 못하고 있다. 그래서 지원사업은 기업가로서 도약하기 위한 첫 발판으로 삼아야 하며, 지속적으로 성장하기 위해서는 스스로의 각별하고 주체적인 노력이 더욱 요구된다.

스타벅스도, 나이키도, 이케아도 지금은 어디에 가나 만날 수 있는 대기업이지만 그 시작은 동네의 작은 가게였다는 사실은 누구나 알고 있다. 그들이 지금과 같은 글로벌 기업으로 성장할 수 있었던 이유는, 자영업을 자영업으로만 보지 않고 하나의 '사업'으로 보았기 때문이다. 기업가형 소상공인이 증가할 때 비로소 외식업계도 성장을 추구하고 혁신을 거듭하는 신산업으로 나아갈 수 있다. 분야를 가리지 않고 뛰어난 아이디어를 가진 창업자는 계속 등장할 것이며, 그들이 막힘없이 성장하기 위해서는 결국 스타트업 생태계처럼 원활한 자금 조달이 필요하다.

정부지원사업은 매우 단기적이고 일회성인 정책들에 그친다. 그래서 우리는 후단에서 지원해줄 수 있는 전문투자 시장이 활발해져야 한다고 생각한다. 성장을 지향하는 열정 있는 자영업자가 등장해야 하는 만큼, 이들의 가치를 진정으로 알아보고 지원해줄 수 있는 투자자도 더 많아져야 한다고 본다. 성장 가능성을 알아보는 투자자와 그 시드머니로 더 큰 세상을 바라보는 뛰어난 소상공인이 만났을 때, 서로 엄청난 시너지를 발휘할 수 있을 것이다. 그러니 투자를 받기 위해서는 외식 사업자들도 생계형 자영업자의 한계를 극복하고 스타트업으로서의 마음가짐과 태도를 갖춰야 한다고 거듭 강조한다.

'성장'하려면 '확장'하라

앞서 외식업이 직면한 삼중고 난제를 해결하기 위해 자영업자에서 기업가적 마인드를 갖춘 스타트업 형태의 외식기업으로 거듭나야 한다는 점을 강조했다. 외식업이 성공적으로 확장하려면 다양한 전략이 필요하며 이는 기업가형 소상공인들이 반드시 선택해야 할 중요한 방식이다. 이번 장에서는 성공적인 외식기업들이 공통적으로 보여주는 확장 전략의 특징들을 소개하고자 한다.

브랜드가 多다

다브랜드 전략은 현대 외식업 시장에서 필수적인 확장 전략으로 자리 잡고 있다. 특히 단일 브랜드로는 치열한 경쟁 속에서 지속적인 성장을 이루기 어려워진 상황에서, 중요한 것은 다양한 브랜드를 통해 여러 소비자층을 공략하고 시장의 리스크를 분산하는 것이 되었다. 다브랜드 전략은 기업이 불확실한 외부 환경에서도 안정적인 수익 구조를 유지하고, 다양한 브랜드 포트폴리오를 통해 성장 잠재력을 극대화할 수 있도록 한다.

외식업 전문가 백종원의 기업으로 유명한 더본코리아는 2024년 8월 기준 한식, 중식, 양식 등 다양한 업종에 21개의 브랜드를 운영하며 각기 다른 소비자층을 공략하고 있다. 이 전략을 통해 기업은 여러 시장에서 동시에 성장할 수 있는 기회를 얻는다. 기업은 시장의 변화와 경쟁에 유연하게 대응할 수 있으며, 장기적인 성장 기반을 구축할 수 있다.

다브랜드 전략을 실행하는 방법에는 2가지가 있다. 첫째는 내부에서 새로운 브랜드를 개발하는 것이며, 둘째는 마이크로 M&A를 통해 기존에 성공적으로 자리 잡은 브랜드를 인수하는 것이다. 그러나 내부에서 브랜드를 개발하는 방식은 높은 실패 확률을 동반한다. 새로운 브랜드를 시장에 성공적으로 안착시키려면 많은 시간과 자원이 소요되며, 초기 개발 리스크도 상당하기 때문이다. 이러한 문제를 해결하기 위한 측면에서 마이크로 M&A를 통한 브랜드 인수가 더욱 중요한 전략으로 부상하고 있다. 마이크로 M&A를 통해 이미 시장에서 입지를 다진 브랜드를 빠르게 확보함으로써, 기업은 초기 개발 리스크를 줄이고 시장에서 빠르게 자리 잡을 수 있다. 외식업 회수전략을 이야기하며 사례로 언급했던 본아이에프가 멘지를 인수하여 확장한 사례는 프랜차이즈 다브랜드를 마이크로 M&A로 확장한 대표적인 예다.

다만 다브랜드 전략을 실행할 때 주의해야 할 점은 브랜드 간의 시너지를 충분히 고려해야 한다는 것이다. 지나치게 이질적인 브랜드를 인수하거나 개발할 경우 소비자에게 혼란을 줄 수 있으며, 결과적으로 모든 브랜드의 가치를 떨어뜨릴 위험이 있다. 따라서 브랜드 간의 조화와 통일성을 유지하는 것이 매우 중요하며, 이는 다브랜드 전략의 성공을 좌우하는 핵심 요소라 할 수 있다.

IP로 판을 키우다

외식기업의 또 다른 성장 전략으로 IP지적 재산권 확장이 있다. 이 전략은 브랜드가 가진 인지도와 고객 충성도를 기반으로, 다양한 제품과 서비스를 제공하여 새로운 수익원을 창출하는 방식이다. 다시 말해, 단순히 외식업에 국한되지 않고, 브랜드의 가치를 다양한 산업에 접목시켜 시장을 확장하는 방법이다. 과거 외식 브랜드들이 확장 전략으로 가장 쉽게 취했던 방식은 식품 제조업으로 진출하는 것이었다. 예를 들어, 유명 외식 브랜드들이 그들의 대표 메뉴를 가정 간편식HMR으로 개발하여 슈퍼마켓과 온라인에서 판매하는 방식이 대표적이다. 이를 통해 외식 브랜드는 매장 외부에서도 수익을 창출하며, 소비자들에게 더 많은 접점을 제공할 수 있었다. 그러나 오늘날의 시장 환경은 더욱 다변화되고 있으며, 외식 브랜드는 단순히 식품 제조업으로 확장하는 데 그치지 않고, 패션, 라이프스타일, 홈데코 등 다양한 산업으로 IP를 확장하고 있다. 이러한 확장은 브랜드의 가치를 더욱 극대화할 수 있으며, 새로운 소비자층을 확보하고 브랜드의 장기적인 성장을 도모하는 데 중요한 역할을 한다.

프랑스의 '라뒤레Ladurée'는 IP 확장 전략의 성공적인 사례다. 라뒤레는 마카롱 브랜드로 시작했지만, 이제는 그 브랜드 가치를 활용하여 패션, 향수, 홈데코 등 다양한 제품군에도 나서고 있다. 라뒤레는 브랜드의 정체성과 고유성을 유지하면서도 새로운 시장에서의 입지를 강화하며, 브랜드 가치를 극대화하는 데 성공했다. 라뒤레의 사례는 단순히 새로운 제품을 출시하는 것 이상의 중요성을 강조하며, 브랜드의 본질을 유지하면서도 확장을 이루는 것이 장기적인 성공을 가져올 수 있음을 보여준다. 외식업을 넘어 다양한 산업에서 수익원을 창출하면서 브랜드의 장기적인 성장을 도모한다.

IP 확장 전략이 필요한 이유는 외식 브랜드가 경쟁이 치열한 외식 시장에서 차별화를 이루고, 지속가능한 성장을 확보하기 위해서다. 브랜드가 강력한 인지도와 충성도를 갖추면 다양한 산업으로 확장할 수 있으며, 이를 통해 외식 브랜드는 단순한 매장 운영에 그치지 않고, 새로운 수익 모델을 만들어낼 수 있다. 물론 브랜드의 정체성과 일관성을 유지하면서, 새로운 시장에서 입지를 다지기 위해서 철저한 시장 조사와 전략적 계획이 선행되어야 할 것이다.

IP 확장 전략은 단순한 제품군의 확장을 넘어, 브랜드 가치를 극대화하고 외식기업을 종합적인 라이프스타일 브랜드로 변모시키는 데 핵심적인 역할을 한다. 확장된 IP를 통해 소비자들이 브랜드와 다양한 방식으로 접촉할 수 있고, 고객 경험은 풍부해지며, 브랜드에 대한 고객의 충성도를 더욱 강화할 수 있다. 결국, IP 확장 전략은 브랜드의 생명력을 연장하고, 외식기업이 치열한 시장에서 지속가능한 경쟁력을 유지하는 데 필수적인 전략으로 자리 잡고 있다.

해외도 이제 우리의 시장이다

해외 진출은 국내에서 성공한 외식 브랜드가 글로벌 시장으로 확장하여 성장 잠재력을 극대화할 수 있는 중요한 전략이다. 특히 최근 K-콘텐츠의 인기에 힘입어 K-푸드 역시 전 세계적으로 큰 관심을 받고 있다. 이로 인해 한국 외식 브랜드들은 해외에서 더욱 유리한 입지를 확보할 수 있는 기회를 얻고 있으며, 글로벌 시장에서의 성장을 도모할 수 있게 되었다.

특히나 국내 시장이 점차 포화 상태에 이르면서, 외식 기업들은 새로운 성장 동력을 찾기 위해 해외 시장으로 눈을 돌리고 있다. 해외 시장에는 개발되지 않은 잠재 고객층과 새로운 기회가 존재하며, 이를 통해 기업은 지속적인 성장을 이어갈 수 있다. 또한, 해외 진출을 통해 글로벌 인지도를 높이면 장기적으로 기업의 브랜드 가치를 극대화할 수 있으며, 이는 국내에서 브랜드 신뢰도와 가치를 더욱 높이는 데도 기여할 수 있다.

'두끼 떡볶이'는 해외 진출 전략의 대표적인 성공 사례다. 두끼는 한국의 고유 음식인 떡볶이를 바탕으로 다양한 현지화 전략을 펼쳤다. 두끼 떡볶이는 뷔페식으로 운영되는데, 현지 소비자들이 선호하는 재료와 맛을 반영해 현지식과 한국식을 적절히 조합한 메뉴를 제공했다. 이러한 현지화 전략은 현지 소비자들에게 긍정적인 반응을 얻었고, 두끼 떡볶이는 현재 동남아시아 여러 국가에서 성공적으로 자리 잡고 있다. 뒤에서 자세히 이야기하겠지만, 고피자도 한국 외식 브랜드의 성공적인 해외 진출 사례로 주목받고 있다.

이처럼 해외 진출 전략은 외식기업이 글로벌 시장에서 경쟁력을 갖추고, 더 큰 성장 기회를 잡을 수 있도록 한다. K-푸드의 인기가 상승하는 글로벌 트렌드를 활용하여, 한국 외식 브랜드들은 더욱 유리한 조건에서 해외 시장에 진출할 수 있다. 다만, 초기 진출 비용이 크고, 현지화에 실패하면 큰 리스크를 감수해야 하므로 철저한 준비와 전략적 접근이 필수적이다.

직영점 확대는 가치를 극대화한다

직영점 확대는 외식기업이 브랜드의 통제력을 유지하면서도, 수익성을 극대화할 수 있는 전략으로, 특히 브랜드 이미지를 강화하고 고유성을 유지하기 위해 반드시 수행되어야 한다. 직영점은 가맹점 운영과 달리, 본사가 직접 매장을 관리할 수 있어, 일관된 서비스와 품질을 제공할 수 있다. 이는 고객 만족도를 높이고, 브랜드에 대한 충성도를 강화하는 데 중요한 역할을 한다. 또한, 직영점을 확장하면 브랜드가 시장에서 더 큰 규모와 가치를 확보할 수 있어 기업의 시장 가치를 높이는 데 기여한다.

'치폴레'는 직영점 확대 전략의 필요성을 잘 보여주는 사례다. 치폴레는 거의 모든 매장을 직영으로 운영하며, 이를 통해 브랜드 이미지와 제품 품질을 일관되게 유지하고 있다. 이 전략을 바탕으로 치폴레는 1993년 설립 이후 빠른 성장을 이루어, 20년이 지난 2023년 말 기준 미국을 중심으로 총 3,437개의 매장을 운영하며 캐주얼 맥시칸 레스토랑의 대표 브랜드로 자리매김했다. 직영점을 통해 확보한 높은 수준의 식재료 품질 관리와 'Food with Integrity'* 철학의 일관된 실현은 치폴레가 지속적으로 성장하고 높은 브랜드 가치를 유지할 수 있는 기반이 되었다.

---

* 직역하자면, 정직한 음식, 소신이 담긴 음식 정도가 된다.

최근에는 직영점 확대 전략이 단순히 매장 개수를 늘리는 것이 아니라 기업 가치를 극대화하는 방향으로 진화하고 있다. 시장에서의 가치를 높이기 위해 직영점을 전략적으로 활용하는 사례가 늘어나고 있으며, 이를 통해 더 큰 경제적 이익을 추구할 수 있다.

런던베이글뮤지엄은 이러한 전략적 직영점 운영의 대표적 사례 중 하나로 꼽힌다. 이 기업은 직영점 수를 확대하는 대신, 오히려 제한적인 운영 방식을 선택했다. 현재 단 5개의 매장만을 운영하고 있지만, 이러한 제한된 접근성이 오히려 브랜드의 희소가치를 크게 높이는 결과를 낳았다. 이는 소비자들의 높은 관심과 수요를 불러일으키는 동시에 투자자들에게도 매력적인 기업으로 각인되게 만들었다. 업계 일각에서는 런던베이글뮤지엄의 기업 가치를 약 3000억 원 이상으로 추산하고 있다. 이는 공식적으로 확인되지 않은 수치이나, 단 5개 매장만으로 이런 높은 평가를 받고 있다는 점은 주목할 만하다. 이 사례는 제한적으로 적게, 그러나 잘 운영되는 직영점을 통한 브랜드 가치 상승 전략의 효과를 잘 보여준다. 외식기업이 브랜드의 고유성과 희소성을 유지하면서도, 기업 가치를 효과적으로 증대시킬 수 있는 전략이 되는 것이다. 특히 브랜드 이미지와 고객 신뢰도가 중요한 프리미엄 외식기업에 더욱 적합할 수 있으며, 신속하게 기업 가치를 높여 성공적인 출구 전략을 실행하고자 하는 기업에게도 매력적인 옵션이 될 수 있다.

직영점 확대 전략은 초기 투자비용이 높고, 개별 매장의 운영 위험이 상대적으로 크다는 어려움이 있어, 장기적 관점에서 안정적인 자금 확보와 효율적인 매장 관리 능력이 반드시 수반되어야 한다. 또한, 이 전략이 성공하려면 강력한 브랜드력이 뒷받침되어야 한다. 탄탄한 브랜드 가치는 고객 유치와 유지에 핵심적인 역할을 하며, 새로운 지역이나 시장으로 확장하는 일을 용이하게 하니 말이다.

투자받고 싶다면, 이렇게 준비하라

앞서 언급한 것처럼 외식업이 직면한 다양한 문제점을 해결하고 지속적인 성장을 이루려면 확장 전략이 필수적이다. 그러나 이러한 전략을 성공적으로 실행하려면 상당한 자금이 필요하며 자금 확보를 위해 외식기업은 적극적으로 투자를 유치해야 한다. 투자는 외식기업이 시장에서 차지할 입지를 강화하고 새로운 기회를 창출하는 데 중요한 역할을 한다.

그런데 외식기업의 투자 유치에는 스타트업과는 다른 준비 과정이 필요하다. 스타트업은 이미 체계적인 준비 과정을 통해 투자 유치에 대비하고 있는 반면, 외식기업은 상대적으로 이러한 준비가 미흡한 경우가 많다. 외식기업이 투자 유치에 성공하려면 스타트업이 투자 유치에 임하는 것과 같은 준비 과정이 필요하다. 여기에는 먼저 철저한 시장 분석, 투자 및 회수 전략 수립, 성장 청사진 등 투자자를 설득할 수 있는 다양한 요소가 있다.

시장을 알아야 진입할 수 있다

스타트업들은 철저한 시장 조사와 전략 수립을 통해 자신들이 진입하려는 시장의 규모와 성장 가능성, 경쟁 상황을 명확히 파악하고 있다. 특정 기술의 수요와 그 기술이 해결할 수 있는 문제들을 분석해 투자자들에게 설명한다. 이를 통해 스타트업은 시장에서 어떤 경쟁력과 혁신성을 지니는지 강조하며 비즈니스 모델의 타당성을 설득력 있게 제시한다.

외식기업도 마찬가지로 철저한 시장 분석이 필요하다. 국내 시장뿐만 아니라 해외 시장 진출 가능성도 고려하여 폭넓은 시장 분석을 수행해야 한다. 소비자 트렌드 분석, 경쟁사의 강점과 약점 파악, 그리고 그에 따른 시장 진입 전략 등을 제시할 수 있어야 한다. 이를 통해 투자자들은 외식기업이 진입하려는 시장의 트렌드, 소비자 행동, 경쟁 상황을 얼마나 잘 이해하고 있는지를 평가한다. 특히 외식기업은 TAM Total Addressable Market, SAM Serviceable Available Market, SOM Serviceable Obtainable Market 분석을 통해 시장 규모를 단계적으로 파악해야 한다. 예를 들어, 한식 레스토랑의 경우 TAM은 전체 외식 시장 규모, SAM은 한식 레스토랑 시장 규모, SOM은 특정 지역이나 타깃 고객군에서 획득 가능한 시장 규모로 표현할 수 있을 것이다.

외식업과 관련한 시장 데이터를 제공하는 회사를 활용하는 것도 효과적인 방법이다. 대표적으로 '알파랩'은 외식 업종별 소비자 소비행태를 데이터로 정리하여 제공하고 있다. 창업자는 데이터를 통해 소비자의 선호도, 소비 패턴, 가격 민감도 등을 분석하고 이를 전략에 반영해야 한다. 또한 경쟁사 분석도 매우 중요하다. 이러한 데이터 기반의 접근은 투자자들에게 시장에 대한 깊이 있는 이해를 보여줄 수 있다.

최근 외식 시장의 트렌드를 반영하는 것도 투자자들의 관심을 끌 수 있는 중요한 요소다. 건강식 트렌드를 타깃으로 한다면 저칼로리, 유기농 재료를 활용한 메뉴 개발 계획을 세울 수 있다. ESG를 강조한다면 친환경 포장재 사용, 로컬 식재료 활용 전략 등을 세울 수 있다. 이러한 트렌드 분석을 통해 타깃 고객층을 명확히 정의하고, 그들의 니즈에 맞는 서비스 전략을 수립해야 한다. "건강에 관심 있는 30~40대 직장인"이나 "친환경을 추구하는 20대 MZ세대" 등 타깃을 구체적으로 설정해야 한다.

해외 시장 진출을 고려하는 경우, 각 국가별 식문화와 소비자 선호도, 규제 환경 등에 대한 심도 있는 조사도 필요하다. 한식을 해외에 진출시키려는 기업이라면, 현지인의 입맛에 맞는 메뉴 개발 계획, 현지 식재료 조달 전략, 문화적 차이를 고려한 마케팅 방안 등을 제시할 수 있다.

이러한 종합적인 시장 분석과 전략 수립을 통해, 외식기업은 투자자들에게 시장에 대한 깊이 있는 이해와 함께 구체적이고 실현 가능한 성장 전략을 제시할 수 있다. 이는 국내외를 아우르는 투자 유치 과정에서 기업의 경쟁력과 성장 잠재력을 효과적으로 입증하는 핵심 요소가 될 것이다.

| 데이터 개요

외식 프랜차이즈 업종별 소비 행동 인식 현황

리서치 주기	분석 시장
• 분기별 리서치 진행 (3/6/9/12월)	• 외식 프랜차이즈 전체 시장, • 외식 프랜차이즈 업종별 시장

카테고리	도출 지표
• **외식 종목**(16개) 족발/보쌈, 치킨, 해산물, 피자, 햄버거, 커피/차, 샐러드, 분식, 도시락, 주점, 디저트, 한식, 중식, 일식, 양식, 아시안 • **외식 소비채널** 오프라인 매장, 배달앱, 자사몰, 기타 채널 • **선호 매장 형태** 프랜차이즈, 독립점포	• 외식 프랜차이즈 업종별 구매 채널/구매 주기 • 외식 프랜차이즈 업종별 프랜차이즈 선호율 • 외식 프랜차이즈 업종별 객단가 • 외식 프랜차이즈 업종별 브랜드 상기도/화제성/호감도 이미지 • 외식 프랜차이즈 브랜드 최우선 요소 및 소비 경험

| 데이터 제공 범위

시장 현황 파악	경쟁 현황 파악	고객 현황 파악
• 주력 구매 채널 • 객단가 • 구매빈도 • 시장 집중도 분석 • 분기별 시장 트렌드	• 브랜드 시장 점유율 • 성장성 높은 브랜드 모니터링 • 브랜드 이미지 분석 • 브랜드 선택 사유 분석 • 브랜드간 중복 구매 • 신상품 출시 후 인지도 분석	• 주요 고객 성별, 연령, 지역별 특성파악 • 고객 특성별 지표 분석 (업종, 객단가 등) • 구매 수준별 고객 분석 • 고객 로열티 수준 분석

[자료 30] **알파랩 업종별 외식 소비 형태 데이터**

팀을 잘 갖추면, 투자가 따라온다

스타트업은 다양한 배경의 전문가들로 팀을 구성하여 각자의 영역에서 어떤 가치를 창출할 수 있는지를 명확히 설명한다. 예를 들어 기술 전문가, 비즈니스 모델링 전문가, 마케팅 전문가 등이 팀에 포함되어 있으며 투자자는 전문성을 갖춘 팀에 신뢰를 갖는다.

외식기업도 마찬가지다. 팀 구성에서 전문성을 갖추는 것이 중요하다. 외식기업이 투자자들에게 신뢰를 주기 위해서는 업계 경험이 풍부한 경영진, 마케팅 전문가, 재무 관리 능력을 갖춘 팀원들이 필요하다. 특히 프랜차이즈 확장 경험이 있는 경영진이나 브랜드 구축 경험이 있는 마케팅 전문가가 팀에 포함된다면 투자자들에게 크게 신뢰할 수 있는 집단으로 각인된다. 주방이나 홀 등 매장에 투입될 실무 경험이 많은 현장형 팀원들도 중요하지만 전략적 사고를 가진 경영진의 존재도 놓쳐서는 안 된다. 특히 기업이 성장함에 따라 마케팅, 디자인, 고객 서비스 등의 분야에서 전문성을 갖춘 인력이 필요해진다. 이와 함께, 장기적인 관점에서 기업의 비전을 실현하고 지속적인 성장을 이끌 수 있는 경영자 마인드를 갖춘 인력도 있어야 한다.

최근 외식업계에서는 기술의 중요성이 부각되고 있다. 스타트업과 같은 차별화된 기술이나 혁신적인 아이디어를 외식업에 적용하는 것이 투자 유치에 큰 도움이 될 수 있다. 이러한 기술을 이해하고 활용할 수 있는 IT 전문가를 팀에 포함시키는 방법은 중요한 전략이다. IT 기술 기반의 혁신을 추구하는 외식기업은 투자 시장에서 더 큰 매력을 가질 수 있다. 외식업이 전통적인 산업에서 혁신적인 산업으로 변모할 수 있는 가능성을 보여주는 것으로, 투자자들의 관심을 더 많이 끌 수 있다.

이처럼 종합적인 역량을 갖춘 팀은 투자자들에게 기업의 성장 가능성과 비전 실현 능력을 효과적으로 보여줄 수 있다. 현재 사업을 잘 운영할 수 있는 적절한 인력과 미래를 잘 만들어갈 수 있는 인력 구성, 외식기업의 성공과 투자 유치에 핵심적인 요소라고 할 수 있다.

철저한 계획으로 미래지향적 투자를 증명하라

스타트업은 투자자들에게 자본 소진율, 수익화 가능성, 투자 자금 사용 계획 등을 명확하게 설명하며 장기적인 성장 가능성을 강조한다. 이들은 예측 가능한 재무 계획과 수익 모델을 제시해 투자자들이 투자 결정을 내리기 쉽게 만든다.

외식기업도 마찬가지로 철저한 재무 계획을 세워야 한다. 그러나 역시 스타트업과는 다른 방식으로 접근해야 하는데 외식기업은 무엇보다도 기존 매장의 매출, 손익 구조, 운영 효율성 등을 구체적으로 제시하는 것이 좋다. 특히 외식업의 장점, '흑자를 내면서 사업을 확장하는 모델'을 강조할 필요가 있다. 스타트업이 '미래의' 잠재적 성장에 초점을 맞춘다면, 외식기업은 '현재의' 안정적인 수익 구조와 함께 미래의 확장 가능성을 균형 있게 보여주어야 한다. 예를 들어, 기존 매장의 월평균 매출, 영업이익률, 초기 투자 대비 회수 기간 등을 상세히 제시하고, 이를 바탕으로 한 확장 계획의 재무적 예측을 제공해야 한다.

외식기업의 비전을 제시하는 것만큼이나 투자금을 어떻게 사용할지 계획을 세우는 일도 중요하다. 이때도 스타트업처럼 미래 성장을 위한 전략적 접근이 필요하다. 전통적으로 외식기업은 신규 매장 오픈, 기존 매장 리모델링, 주방 설비 개선, 브랜드 마케팅 등에 투자금을 사용해왔다. 그러나 현대의 경쟁적인 시장 환경에서는 이를 넘어서는 혁신적 접근이 요구된다. 외식기업도 스타트업처럼 기술 개발, 디지털 전환, 인재 확보, 신규 비즈니스 모델 개발 등 미래 경쟁력 강화를 위한 투자가 필요해졌기 때문이다. 예를 들어, AI 기반 고객 데이터 분석 시스템 구축, 모바일 주문 플랫폼 개발, 식자재 공급망 구축, 푸드테크 제품 개발 등에 투자금을 배분할 수 있다. 이러한 미래 지향적 투자는 장기적으로 기업의 경쟁력을 높이고 새로운 성장 동력을 확보하는 데 기여한다.

또한 업계 특유의 재무적 리스크를 어떻게 헤쳐나갈지 대응 방안도 제시해야 한다. 식자재 가격 변동, 인건비 상승, 임대료 인상 등에 대한 구체적인 대책을 마련해야 한다. 이는 스타트업의 기술 리스크나 시장 진입 리스크와는 다른 성격의 것이다.

더불어, 투자 회수 계획에서도 차이가 있다. 스타트업이 주로 IPO에 초점을 맞춘다면, 외식기업은 안정적인 수익을 바탕으로 한 배당이나 프랜차이즈 확장을 통한 가치 상승 등 다양한 방식의 투자 회수 계획을 제시할 수 있어야 한다.

성장에 대한 구체적인 수치와 예측, 리스크 관리 방안, 그리고 명확한 투자금 사용 계획, 이 모든 것이 뚜렷해야 투자자들에게 신뢰를 줄 수 있다.

마지막으로, 비즈니스 모델의 중요성을 강조하고자 한다. 스타트업은 비즈니스 모델이 어떻게 수익을 창출하고 시장에서 어떤 가치를 제공하는지를 명확히 설명한다. 이들은 고객의 문제를 해결하는 방법과 그에 따른 수익 창출 구조를 강조한다.

외식기업도 비즈니스 모델을 명확히 해야 하는데, 특히 '지속가능한 수익 창출 능력'과 '확장성'에 초점을 맞추어야 한다. 지속가능한 수익 창출 능력에는 현재의 매출과 이익률뿐만 아니라, 변화하는 시장 환경과 소비자 트렌드에 대응할 수 있는 유연성도 포함된다. 이 유연성이란, 메뉴 혁신 능력, 효율적인 원가 관리, 일관된 고객 서비스 품질 유지 등으로 드러난다. 확장성은 비즈니스 모델의 성장 잠재력을 보여주는 요소로, 단순한 매장 수 확대를 넘어 브랜드 가치를 다각도로 활용하는 능력을 의미한다. 이는 앞에서 설명한 프랜차이즈 확장, 다브랜드 전략, 직영점 확대, 외식 IP를 활용한 사업 확장, 해외 진출 등 다양한 형태로 구현될 수 있다. 중요한 것은 각 확장 전략이 어떻게 지속가능한 수익 창출로 이어지는지를 명확히 설명하는 것이다. 이를 위해 각 확장 모델에 대한 구체적인 전략과 목표를 제시해야 한다.

예를 들어, 프랜차이즈를 확장할 때 브랜드 가치는 어떻게 유지할 것인지, 수익성은 어떻게 확보할지, 덧붙여 다브랜드 전략에서 각 브랜드 간 시너지 효과를 어떻게 낼 것인지, 리스크 관리 방안에는 어떤 것이 있는지 등이다.

최근의 혁신적인 비즈니스 모델도 지속가능한 수익 창출과 외식기업의 확장성을 중점으로 다뤄야 한다. 디지털 기술을 활용한 무인 주문 시스템, 클라우드 키친을 통한 배달 전문 브랜드 운영, 식재료 직거래 플랫폼 구축 등은 운영 효율성을 높이고 새로운 수익원을 창출한다. 또한 외식 브랜드와 엔터테인먼트를 결합한 복합 문화 공간 조성, 굿즈 사업 들은 브랜드 가치를 높이고 고객 충성도를 제고하는 데 도움이 된다.

정리하자면, 외식기업은 지속가능한 수익 창출 능력과 확장성을 중심으로 비즈니스 모델을 구축하고, 이를 투자자들에게 효과적으로 설명해야 한다는 것이다. 이를 통해 자신들의 사업 모델이 얼마나 탄탄하고 성장 가능성이 있는지를 구체적으로 보여줄 수 있어야 한다.

스타트업은 기술 개발이 실패하거나 시장 진입이 어려워지는 등 사업의 불확실성에 대비한 리스크 관리 계획을 포함해 다양한 전략을 마련하고 이를 투자자들에게 설명한다. 외식업 역시 고유의 리스크를 극복할 수 있는 철저한 관리 계획이 필요하다. 특히나 급격한 외부 환경 변화에 취약한 산업 구조상 이에 대한 대응 능력은 매우 중요하다. 리스크별 예시를 통해 생각해보자.

앞서 말한 바 있으나, 코로나19 사태는 외식업계에 배달 서비스 확대, 비대면 주문 시스템 도입, 위생 관리 강화 등의 변화를 가져왔다. 이러한 경험을 바탕으로, 우리는 다양한 비상 시나리오를 미리 준비하고, 각 상황에 맞는 행동 지침을 마련해야 한다는 교훈을 얻었다. 다시 말해, 코로나19 팬데믹과 같은 예기치 못한 위기 상황에서도 신속하게 비즈니스 모델을 전환할 수 있는 유연성이 필요하다는 뜻이다.

식자재 공급망 리스크는 외식업 특유의 중요한 위험 요소다. 글로벌 이슈로 인한 특정 식자재의 공급 중단이나 가격 폭등에 대비해, 대체 식자재 목록과 조리법을 미리 개발해두어야 한다. 주요 식자재에 대해 장기 공급 계약을 체결하거나, 선물 거래를 통해 가격 변동 리스크를 줄이는 방안도 고려해야 한다.

법규 및 규제 변화에 대한 대비도 필요하다. 식품 위생법, 노동법, 환경 규제 등의 변화를 꾸준히 모니터링하고, 이에 선제적으로 대응할 수 있는 시스템을 구축해야 한다. 브랜드 평판 리스크는 외식업에서 특히 중요하다. SNS를 통해 부정적 이슈가 급속히 확산할 때를 대비해, 위기 커뮤니케이션 전략을 수립하고 관련 평판 모니터링 시스템을 구축하여 잠재적 리스크를 조기에 감지하고 대응할 수 있어야 한다.

이러한 다각도의 리스크 관리 계획은 외식기업의 특수성을 반영하며, 스타트업과는 다른 접근이 필요하다는 점을 보여준다. 각 리스크에 대한 구체적인 대응 방안과 그에 따른 재무적 영향을 명확히 제시함으로써, 투자자들에게 외식기업의 안정성과 지속가능성을 효과적으로 입증할 수 있다. 이는 곧 투자 유치의 핵심 요소로 작용하며, 장기적인 기업 가치 제고에 기여할 것이다.

기술혁신은 스타트업만의 일이 아니다

스타트업 생태계에서 기술 혁신은 투자 유치의 핵심이다. 외식업계도 예외가 아니다. 기술로 차별화된 경쟁력과 성장 가능성을 보여주는 외식기업에 투자자들의 관심이 쏠리고 있다. 외식업의 기술 혁신은 주로 기존 비즈니스 모델 개선이나 고객 경험 향상에 집중된다. 최근엔 AI, IoT, 빅데이터 등 첨단 기술을 활용하는 외식기업이 전통 업체보다 높은 기업 가치를 받는 추세다. 기술 기반 기업으로서 나아갈 성장 잠재력과 확장성 때문이다.

이러한 트렌드를 잘 보여주는 대표적 사례가 미국의 '스위트그린'이다. 스위트그린은 기술 혁신을 통해 기업 가치를 크게 높였다. 2012년, 다른 식음료 기업들이 오프라인에 집중할 때 스위트그린은 한 발 앞서 전용 앱을 통해 주문하고 매장에서 픽업하는 시스템을 도입했다. 2021년에는 로봇 샐러드 제조 레스토랑

'스파이스Spyce'를 인수해 기술력을 한층 강화했다.

더 나아가 2023년 하반기부터는 '인피니트 키친 시스템'을 도입하여 전 매장으로 확대 중이다. 이 시스템은 고객이 주문 정보를 입력하면 기계가 자동으로 샐러드를 조리하는 혁신적인 기술이다. 이런 꾸준한 기술 혁신은 스위트그린의 기업 가치에 직접적으로 반영됐다. 2021년 시리즈J 투자로 1억 5000만 달러를 유치했고, 같은 해 11월 뉴욕증권거래소에 상장할 때 기업 가치는 약 52억 달러로 평가됐다. 2024년 5월 미국의 한 투자은행은 스위트그린이 도입한 인피니트 키친 시스템으로 인해 주가가 지속적으로 상승할 것으로 전망했고, 실제로 2024년 상반기 스위트그린의 주가는 167%나 상승했다.

스위트그린의 사례는 기술 혁신이 외식기업의 운영 효율과 성장 잠재력을 얼마나 높일 수 있는지, 그리고 이를 통해 투자자들로부터 어떻게 긍정적인 평가를 받을 수 있는지를 명확히 보여준다. 이는 다른 외식기업들이 기술 혁신 전략을 수립할 때 중요한 참고 사례가 될 것이다. 외식업계의 기술 혁신은 더 이상 선택이 아닌 필수 요소로 자리 잡고 있다.

ESG가 외식업을 만든다

ESG환경, 사회, 지배구조는 최근 투자 시장에서 핵심 고려사항으로 부상하고 있다. 외식업의 특성을 고려한 ESG 전략은 다음과 같이 구체화될 수 있다.

환경[E] 측면에서 외식기업은 식자재 조달 과정에서의 지속가능성에 주목해야 한다. 로컬 식재료 사용, 지속가능한 어업 인증을 받은 수산물 활용, 유기농 식재료 비중 확대 등의 노력이 필요하다. 또한, 플라스틱 사용 저감을 위한 친환경 포장재 도입, 음식물 쓰레기 저감 및 재활용 프로그램 운영 등도 중요하다.

사회[S] 측면에서는 외식업 특유의 노동 환경 개선이 핵심이다. 주방 직원과 서비스 직원의 근무 환경 개선, 공정한 임금 체계, 직원 교육 및 경력 개발 프로그램 등을 통해 업계의 고질적인 문제를 해결하려는 노력이 필요하다. 또한, 건강한 식문화 조성을 위한 영양 정보 제공, 알레르기 정보 공개 등 소비자 건강을 고려한 정책도 중요하다.

지배구조[G] 측면에서 외식기업은 프랜차이즈 운영의 투명성을 제고해야 한다. 가맹점주와의 공정한 계약, 이익 공유 시스템, 의사결정 과정에서 가맹점주 참여도입 등을 통해 상생하는 기업문화를 만들어야 한다. 또한, 식품 안전 관리 체계의 투명한 공개, 윤리경영 실천 등도 강조되어야 할 것이다.

이러한 ESG 전략은 단순한 선언에 그쳐서는 안 되며, 구체적인 목표와 실행 계획, 그리고 성과 측정 방식이 함께 제시되어야 한다. 예를 들어, "2025년까지 모든 포장재의 80%를 재활용 가능한 소재로 전환", "2025년부터 모든 직영점에서 공정무역 인증

커피만 사용" 등 구체적인 목표를 설정하고 이를 달성하기 위한 단계별 계획을 제시해야 한다.

투자자들은 이러한 ESG 전략을 통해 외식기업의 장기적인 지속가능성과 사회적 책임을 평가한다. ESG 성과가 우수한 기업은 브랜드 가치 상승, 고객 충성도 증가, 규제 리스크 감소 등의 이점을 얻을 수 있으며, 이는 곧 투자 가치 상승으로 이어진다. 따라서 외식기업은 ESG 전략을 단순한 부가적인 요소가 아닌, 핵심 경영 전략의 일환으로 다룰 필요가 있다. 말하자면, 경영 측면에서 기업이 안정적이고 성장 가능한 방향으로 향하고 있다는 지표가 될 수 있다는 뜻이다. ESG 경영을 핵심 전략으로 삼아야 이를 통해 지속가능한 성장 모델을 구축하고, 투자자들에게 장기적인 가치 창출 능력을 입증할 수 있을 것이다.

외식업도 스타트업처럼 능력을 키워라

지금까지 외식기업이 투자를 받기 위해 준비해야 할 것이 무엇인지 살펴보았다. 핵심은 외식기업 투자 역시 기업화가 되어야 한다는 것이며, 스타트업이 투자를 받듯 철저한 준비를 해야 한다는 점이다. 정리하자면 다음과 같다.

첫째, 시장 조사와 전략 수립, 전문성 있는 팀 구성으로 안정성 있는 수익 모델과 함께, 지속가능성 있는 확장 가능성을 통해 미래의 수익을 제시한다.

둘째, 명확한 재무 계획으로 전문 경영이 가능함을 드러내고, 혁신적인 비즈니스 모델, 체계적인 리스크 관리로 투자금 회수 전략을 보여준다.

셋째, 기술 혁신으로 성장 가능성을 시사하고, ESG 전략으로 브랜드 가치를 향상시켜 지속가능한 성장 모델을 구축한다.

외식기업만이 갖고 있는 현재의 안정성 있는 수익 구조, 확장을 통한 성장 가능성, 브랜드화를 통한 미래의 투자 가치 강조, 이것이 기업화된 외식기업이 지녀야 할 가치이며, 더 큰 부를 거머쥐기 위한 투자의 초석이 될 것이다.

함께 해나가야 할 사항은 또 있다. 꾸준한 연구개발 계획, 직원 교육을 통해 인재 역량을 강화하고 서비스 품질과 운영 효율성 또한 제고해야 한다.

나 스스로의 발전도 놓쳐서는 안 된다. 또한, 업계 내 멘토링이나 지식 공유 활동을 통해 생태계 발전에 기여하는 문화를 조성하고, 외식업 관련 투자 포럼이나 창업 박람회에 적극 참여하여 잠재적 투자자들과 네트워크를 구축해야 한다. 사업 계획을 간결하고 설득력 있게 발표할 수 있는 피칭 능력을 키우고, 정부의 지원 프로그램을 적극 활용하여 초기 투자 유치의 발판을 마련하는 것도 중요하다.

이제 막 자영업에서 기업인으로 발돋움하려는 외식기업이라면, 이 모든 일이 아주 멀고 지난한 것처럼 느껴질 것이다. 그렇기에 이 과정에서 외식업을 전문으로 하는 액셀러레이터의 도움을 받는 것도 효과적인 방법이다. 외식업 전문 액셀러레이터는 업계에 대한 깊은 이해를 갖추고 있고, 이미 투자자와의 네트워크가 광범위하게 구축되어 있어 각 외식기업에 맞는 맞춤형 조언과 지원을 제공할 수 있다.

이를 통해 외식기업은 보다 효과적으로 투자 유치 전략을 수립하며, 적합한 투자자들과 연결되는 기회를 얻을 수 있다. 액셀러레이터와 연계되어 투자가 성공적으로 유치된다면 이는 외식기업에게 새로운 도약의 기회가 될 것이다.

상상해보라. 자금을 확보하고 투자 네트워크와 연결되어 빠르게 기업의 성장을 도모하고, 더 큰 시장에서 경쟁력을 얻어 가파르게 부를 쌓는 청사진을 말이다.

개척자들은 어떻게 투자를 받았을까?

일반적인 투자 사이클은 초기투자 단계부터 시리즈A 이후의 단계, 마지막으로 상장IPO 또는 M&A로 구성된다. 스타트업은 본격적으로 서비스를 출시하기 전에 시드머니를 투자받아 사업 출정을 위한 준비를 마치고, 정식으로 서비스를 출시하고 나서는 단계별로 성장 그래프를 그리며 추가 투자를 받는다. 그러다 일정 조건을 충족하고 나면 IPO에 도전하거나 M&A를 통해 기업가치를 인정받는다. 실제로 외식기업 중에도 기술적인 측면을 인정받아 이들과 같은 단계로 투자를 유치해나가는 곳들이 있다.

이들의 투자 사례를 통해 외식업의 투자는 어떤 과정을 거치는지, 어떤 면이 투자의 결정적 요소가 될 수 있는지 짚어보려 한다.

초기 투자: 음식과 기술의 만남

닭꼬치 프랜차이즈 '청춘닭꼬치'는 국내 기업 '씨엔티테크'를 통해 초기 투자를 받았다. 원물 검증부터 자동화 생산까지 철저한 위생 관리 시스템을 구축하고, 사업 영역을 점차 확장해나간다는 점에서 인정을 받은 것이다.

청춘닭꼬치는 '꼬치마켓'이라는 자사 이커머스 플랫폼을 통해 식자재 유통을 하면서 온·오프라인 병행의 시너지를 극대화해 다른 외식 브랜드와의 차별성을 꾀했다. 다음으로 자회사 '비에스푸드테크'를 통해 닭꼬치 제품의 연구개발에 힘쓰고 자체적으로 생산하면서 성장성을 확보했다. 이러한 점에서 스타트업과 유사한 성향을 엿볼 수 있다. 이른 시기부터 판매와 제조를 수직계열화하는 전략을 제시하였고, 배달 등의 온라인 채널을 통한 매출 창출로 그 효과를 입증했다는 점이 투자 유치의 핵심이었다.

마이크로바이옴 융합 푸드테크 기업으로 알려진 '㈜힘난다'는 2021년 미국계 벤처캐피털 '스트롱벤처스'에게 2차 투자를 받았다. 착즙주스 전문점인 '주시브로스'와 슈퍼푸드 샐러드카페인 '힘난다샐러드', 마이크로바이옴 기술을 결합한 소고기 100% 패티로 알려진 '힘난다버거' 등의 브랜드를 운영하고 있는데, 특히 이 햄버거 패티 기술을 인정받아 투자를 받은 사례다. 직접 앱을 개발해 언택트 매장을 구현했고, 고객 DNA 분석으로 소비자에게 맞춤형 메뉴를 제안하는 것이 특징이다. 특히 바이오 기술을 결합해 소화가 잘 되도록 개발한 소고기 패티는 메뉴 개발에 푸드테크 기술을 활용한 좋은 선례로 남았다.

초기부터 투자를 받은 두 기업의 공통점은 '푸드테크'다. 단순히 기술을 사용하는 것을 넘어 빠르게 그 효용성을 입증하려고 노력했고 투자자들의 언어로 설명하려고 했다. 이커머스 단계의 기술이든, 메뉴에 직접 적용할 수 있는 고도화된 기술이든, 기존 외식업계에는 없던 것들을 시도하고 성장할 가능성이 보이면 투자를 받을 수 있음을 증명해냈다.

무인 프랜차이즈 카페 '만월경'은 설립 3년 만인 2023년 시리즈A 투자 유치를 받았다. 현대기술투자에서 16억 원을 투자하면서 누적 투자유치액이 26억이 됐다. 초기에는 기존에 있는 커피머신을 활용해 무인으로 운영하는 데 그쳤으나, 전자동 커피머신 제조사를 인수하면서 이제는 자체적으로 머신 유지개발에 기여하는 자주적인 회사로 성장해나가고 있다. 투자를 받았다고 해서 멈추는 것이 아니라 더 새로운 기술을 적용할 수 있도록 계속해서 도전하였기에 2차 투자를 받을 수 있었던 것이다.

주목할 만한 사례는 또 있다. 푸드테크 기술을 사업 전반에 적용하여 시드머니부터 시리즈C 투자까지 유치해 순차적으로 성장하는 대표적인 기업, 바로 1인 피자 브랜드 '고피자'다. 고피자는 2017년 백화점 팝업 30개로 시작해 20억 원 규모의 엔젤투자*를

* 자금이 필요한 스타트업에 개인 투자자들이 자금을 대고, 그 대가로 주식을 받는 투자 형태.

받았다. 2018년에는 프리 시리즈A 투자 유치로 20억 원을 추가 확보했으며, 대치동에 정식으로 1호점을 냈다. 이어 2019년에는 40억 규모의 시리즈B 투자를 받았고, 2020년에는 중기부 선정 '아기 유니콘' 기업으로 선정되었다. '아기 유니콘'이란 장래의 기업가치가 1000억 원 이상이 될 것으로 예상되는 성장성 있는 기업에게 부여하는 타이틀이다. 고피자는 곧 해외 진출까지 성공하며 국내외로 계속 성장하다가, 2022년에 무려 250억 규모의 시리즈C 투자를 유치한다. 고피자가 이렇게까지 투자 받을 수 있는 경쟁력은 어디에서 나올까?

고피자는 외식기업이지만 로봇 기술을 기반으로 하는 스타트업이다. 여전히 기존 투자사들이 쉽지 않다고 생각하는 외식업 분야에서, 외식업으로서 안정적인 매출 그래프와 함께, 짧은 기간 놀라운 속도로 성장하는 스타트업으로서의 면모를 같이 보여주었기 때문에 투자사도 관심을 보인 것이다. 기술력뿐만 아니라 해외 진출을 통한 시장 확장 가능성이 높은 기업이라는 점에서도 좋은 평가를 얻는다.

시리즈 투자: 독보적이고 도먹적인 브랜드가 뜬다

'노티드 도넛'과 '다운타우너 버거'로 유명한 'GFFG'는 2021년 VC '알토스벤처스'와 해지펀드 '퀀드자산운용' 등으로부터 300억 규모의 시리즈A 투자 유치에 성공했다. '배달의 민족'과 '토스' 등 IT 업계에 투자해 유명해진 알토스벤처스에서 이례적으로 외식기업에 투자했다는 사실만으로도 업계에선 큰 반향을 불러 일으켰다. 이렇다 할 콘셉트가 없었던 외식업계에 독보적인 브랜딩과 함께 캐릭터와 다양한 굿즈 및 콜라보를 선보이는 브랜드가 등장해 투자업계에서도 관심을 보인 것이다. 조금 특이한 건, GFFG는 외식업이 아닌 브랜드플랫폼 기업으로서 투자를 받았다는 점이다. 실제로는 도넛, 버거 등 음식업을 운영하고 있지만, 넓게 보면 푸드 IP를 기반으로 다양한 IP 사업을 수행하고 있기 때문이다.

덕분에 사업 확장성이 좋은 IP 사업으로서 외식업을 운영하여 브랜드 가치를 높인 대표 사례가 됐다.

M&A 투자: 가치를 높이면 더 값어치 있게 팔린다

인수합병 형태로 기업 가치를 인정받거나 새로운 자금을 확보하는 경우도 있다. 대표적으로 '역전할머니맥주'는 2022년 5월 국내의 '케이스톤파트너스'를 통해 약 1500억 원에 매각을 진행했다. 매출액이 꾸준히 증가하고 있으면서 영업이익률도 높은 편이었고, 무엇보다 자산 대부분이 현금성으로 구성되는 외식업 특성상 재무적으로 매우 양호하게 평가되었다.

저가 커피 브랜드 중 하나인 '메가커피'는 2021년 '우윤파트너스'와 '프리미어파트너스'에 1400억 원에 인수되었고, '컴포즈 커피'는 2024년 7월 필리핀 식품업체인 '졸리비푸즈'에 무려 2억 3800만 달러, 한화로 환산하면 4700억 원에 인수되었다. 국내 저가 커피가 이렇게 빠른 속도로 성장해 역대 최고 금액으로 매각될 것으로 예상한 사람은 아무도 없었을 것이다.

'아라치치킨' 운영사이자 장류 식품을 판매하는 '삼화식품'도 최근 유행을 끌고 있는 '요거트아이스크림의 정석'을 400억 원에 인수했다. 과거 '노랑통닭'은 '큐캐피탈'에 700억 원에 인수되었고, 최근 큐캐피탈 역시 노랑통닭을 재매각할 계획을 세우는 것으로 알려졌다.

이외에도 '공차'나 '설빙' 등 많은 기업들이 인수합병을 거쳤는데, 이제 외식업계는 그 어느 산업보다 M&A를 자연스러운 성장 과정의 하나로 활용하고 있다고 말할 수 있게 되었다.

IPO 투자: 외식업도 상장으로 재미 본다

IPO, 즉 상장은 '기업 공개'라고 하며, 공개적인 주식 시장에 오픈되어 일반인도 거래를 할 수 있도록 하는 것을 말한다. 상장을 하려면 회사의 재무 건강 상태가 상당히 중요한데, 상장하고서 기업이 꾸준히 유지될 수 있음을 보여야 하기 때문이다. 또 성장 가능성이 있어야 주주와 같은 투자자들에게도 이익이 발생하기 때문에 지속적인 성장이 가능하다는 잠재력을 보여야 한다.

그런데 외식업은 상대적으로 상장이 매우 어려운 업종이다. 아무리 브랜드의 인지도가 높고 프랜차이즈 사업이 잘되고 있더라도 직상장하기가 쉽지 않다. 상장은 브랜드가 아닌 본사를 기준으로 하게 되는데, 사업 아이템에 따라 매출의 편차가 심하고 유행 탑승이 빨라 '꾸준히 오랜 기간' 실적을 낼 수 있는지가 여전히 논란이 되기 때문이다. 또 수익이 온전히 본사에게 돌아오는 것이 아니라 점주와 분배해야 한다는 구조 특성상 본사의 이익을 높이려면 점주의 이익을 낮춰야 한다는 상충된 이해관계에 놓여 상장을 어렵게 만드는 요인으로 작용하기도 한다.

'미스터피자', '디딤이앤에프', '맘스터치' 등 기존 상장업체와의 합병으로 우회상장을 추진한 경우는 있었지만, 우회상장인 탓에 시장에선 온전히 해당 브랜드만의 힘이라고 평가받기 어려웠다. '이디야커피'나 '투썸플레이스' 등 이미 시장에 자리 잡은 지 한참 된 브랜드들도 IPO를 검토했다가 포기한 경우가 한둘이 아니었다는 점에서 외식 브랜드의 상장이 얼마나 어려운 일인지 알 수 있다. 심지어는 백종원 대표의 더본코리아 역시 상장을 시도 중이지만 프랜차이즈 이해관계의 늪에 빠져 계속해서 벽에 가로막히는 중이다.

이러한 어려움 속에서도 직상장에 성공한 곳이 딱 하나 있다. 바로 교촌치킨을 운영하는 '교촌에프앤비'인데, 국내 외식 프랜차이즈 최초로 정식 IPO를 거쳤다는 점에서 매우 의미가 있다.

3년 연속으로 매출을 3000억 이상 기록하며 상장에서 가장 중요한 성장성과 안정성을 갖췄다고 평가되어 가능했던 부분이다. 이 프랜차이즈는 2023년 말에는 5200억이 넘는 매출을 기록하며 꾸준한 인기를 유지하고 있다.

그렇다. 외식업의 주식시장 입성은 어려운 것일 뿐 불가능한 일은 아니다.

날아오를 '외식투자 시장'

여전히 외식 투자에 대해 감이 잘 서지 않는다면 해외 사례를 통해 성공 가능성을 엿보면 좋을 것 같다. 미국의 '로아크 캐피털 그룹Roark Capital Group'은 330억 달러 이상의 자산을 운용하고 있는 사모펀드로, 주로 프랜차이즈나 다점포 기업, 레스토랑, 식품, 건강, 비즈니스 서비스 등의 분야에 투자한다. '서브웨이'나 '더 치즈케이크 팩토리'는 물론, '배스킨라빈스', '던킨 도너츠', '버팔로 와일드 윙즈' 등을 운영하는 인스파이어 브랜즈를 포함해 수많은 중간 시장에 투자하며 그 가능성을 확장시키고 있다. 서브웨이는 약 13조 원이라는 어마어마한 금액에 인수됐는데, 코로나 19의 영향으로 많은 매장이 문을 닫는 와중 보여준 놀라운 결과라고 할 수 있다.

영국의 PE사 '맥윈'의 경우 덴마크 기반 스시 레스토랑인 '스틱스앤스시' 지분 95%를 약 8000만 유로, 한화로는 약 1145억 원에 인수하기도 했다. 맥원이 스틱스앤스시를 인수한 과정에서 낸 성명을 참고하자면, F&B 중에서도 레스토랑 체인은 탄력적인 편이고 물리적으로 폐쇄되지 않는 이상 사람들은 주기적으로 외식을 하기 때문에 가치가 높은 거래로 평가했다고 한다. 결국 이 점은 우리가 지금까지 이야기한 '외식업의 안정성'과 일맥상통한다고 할 수 있다.

외식 투자 시장은 이제 활발한 거래에 접어들었다. M&A 시장에서만 살펴봐도 잘 나가는 프랜차이즈는 인기 매물로 수요가 많다. 해외로 진출한 글로벌 브랜드만 투자를 받는다고 생각하면 오산이다. 오히려 스타트업처럼 투자의 범위와 단계가 굉장히 다양해져 가고 있고 개인투자조합 모델을 활용한 소규모 투자 조성에도 충분한 가능성이 펼쳐지고 있다.

다만 외식업 투자 시장의 사이클은 단계별로 완전하게 성숙되어 있지는 않다는 점에서 한계가 있다. 스타트업처럼 서비스 정식 출시 전에 이뤄져야 하는 시드투자가 쉽지 않기도 하고, 초기 시리즈 투자를 받고 나서 후속 시리즈 투자를 단계별로 받는 사례가 적다 보니, 벤치마크 KPI를 스타트업과 동일하게 적용하기가 어렵기 때문이다. 그래서 초기 투자가 이뤄지더라도 후기 투자 단계까지 자발적인 매출 성장의 힘으로 올라와야 한다는 난관에 봉착하게 된다. 그럼에도 불구하고 외식 투자는 투자자의 투자수익이 기업의 성장이라는 불확실한 미명 아래 불투명하게 이뤄지는 것을 막을 수 있는 방식이다. 견인된 매출지표로 투자 동인을 계속해서 높일 수 있기에 기대가 큰 투자 수단임은 분명하다.

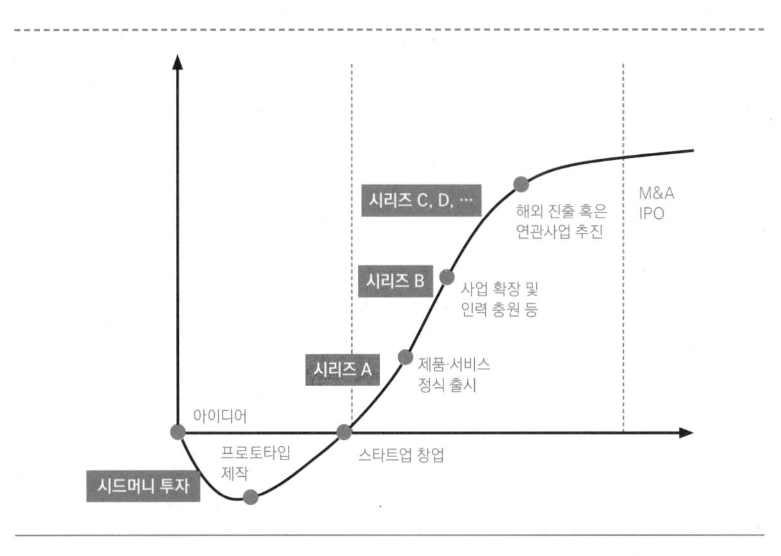

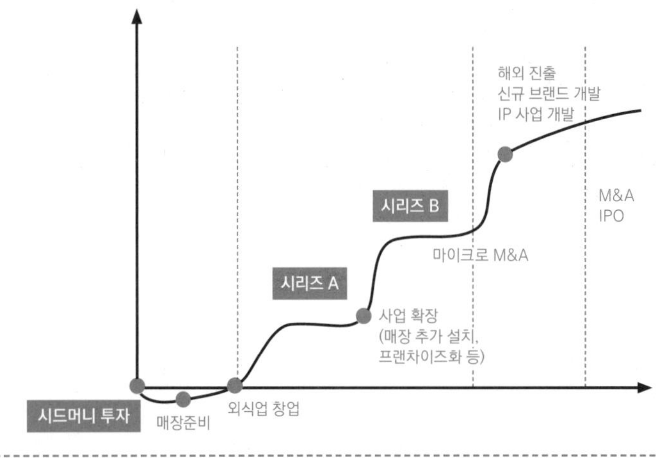

[자료 31] **스타트업 투자 사이클(위) 외식업 투자 사이클(아래)**

Part 4

외식업 투자 시장이 바꿀 미래

장사의 神에
투자하라

사실상 이미 포화상태인 국내 가맹시장 상황 속에서 새로운 성장동력을 확보하고 사업 기회를 창출하려면 해외 진출이 또 다른 답이기도 함을 잘 보여주는 변화다. 외식업계의 해외 진출은 성장이 아니라 생존을 위한 필수 선택지가 되었다.

진화된 외식업 시대

외식업에서 투자가 중요해지고 있는 이 시점을 외식업 2.0이라 칭하고자 한다. 우리는 외식업 2.0을 다양한 산업 출신의 창업자들이 주도하는 다각적인 브랜드 운영과 로컬 소비 및 글로벌화를 동시에 추구하는 진화된 외식업 시대로 정의한다. 그리고 이 진화된 외식업 시장에서 각각의 개별 브랜드를 잘 발전시키기 위해서는 옆에서 컨트롤해줄 수 있는 매니지먼트사가 필요하다. 투자만 하고 끝나는 흔한 AC가 아닌 그들의 상황을 잘 알고 보육해줄 수 있는 존재가 있어야 한다고 보는 것이다.

특징	외식업 1.0	외식업 2.0
브랜드 운영	단일 브랜드 운영	다브랜드 운영
시장 범위	주로 지역적 또는 국가 내 운영	국제적 시장으로의 확장
창업자 배경	전통적인 외식업 경험이 있는 창업자들	다양한 업계에서 경험을 가진 창업자들
소비 트렌드	가맹점 중심의 대형 프랜차이즈	지역 특색을 살린 로컬 소비 증가

[자료 32] **외식업 1.0과 외식업 2.0**

외식업 2.0

외식업 1.0과 2.0을 조금 더 구체적으로 비교해보자.

외식업 1.0이라 칭할 수 있는 시대에는 하나의 브랜드를 굳건하게 잘 키워 오래오래 운영하는 것이 특징이었다. 창업자가 해당 분야에 오래 종사하며 변함없는 맛과 서비스를 유지하면 그 자체로 매력이 되는 시대였기에, 백년가게나 노포 매장이 인기를 끌었다. 하지만 요즘의 창업은 다소 다른 양상을 보인다.

멀티플레이어의 시대

빠르게 변화하는 시대에서 가장 눈여겨볼 점은 다브랜드를 겨냥

하는 창업자가 많이 생기고 있다는 점이다. 하나의 브랜드로 오랜 시간 이어가기에는 음식 유행의 수명주기가 짧아 여러 브랜드를 운영하면서 안정성을 도모하는 추세다.

원래 다브랜드 운영은 하나의 외식기업이 여러 브랜드를 론칭하는 경우를 일컫는다. 대표적인 다브랜드 기업 더본코리아를 예로 들면, 이들이 운영하는 브랜드는 총 21개로, 피자, 양식, 중식, 카페, 한식, 주점 등 분야를 가리지 않고 많은 브랜드를 선론칭했다가 실적이 부진한 경우 브랜드를 없애는 방식으로 여러 도전을 하고 있다. 하나의 브랜드에만 투자하는 것이 아니기 때문에 한쪽을 포기해도 다른 쪽에서 매출을 이끌어낼 수 있다는 점에서 기업 입장에서는 재무적인 장점으로 작용한다. 다만 이 경우 상대적으로 출점 개수가 적은 브랜드를 선택한 점주는 브랜드가 사라질 경우 그 영향을 직격으로 받는다는 문제가 있다.

다브랜드 운영을 점주의 입장에서 새롭게 바라보면 어떨까? 프랜차이즈 산업에서는 점차 아이템보다 점주가 중요해지고 있다. 지금의 점주는 자신이 원하는 프랜차이즈 브랜드를 쇼핑하듯 선택하여 창업하기 때문이다. 이제 점주는 사업 아이템을 자신의 판단만으로 결정하지 않고 시장의 트렌드에서 찾는다.

꾸준한 성장 동력이 없는 한 브랜드는 주기적으로 쇠퇴하는 과정을 겪는다. 최근의 창업자들은 잘될 만한 브랜드를 초기에 선택하여 매출을 끌어당기고, 하락세에 접어들 때 즈음 다시 뜨는 브랜드를 찾아 '교체'한다. 이러한 행위를 통해 계속해서 성장을 끌어올리고 이어나가고자 하는 것이다.

배달 전문 매장도 많아 인테리어에 큰 변화를 주지 않고 숍인숍 형태로도 창업할 수 있어 한 장소에서 여러 브랜드를 운영하기도 한다. 즉 빠르게 환경 변화에 맞춰나가며 사업 운영의 지속 가능성을 높이는 형태의 브랜드 사업으로 진화해나가고 있음을 알 수 있다.

달라진 K-푸드의 인지도, 시장이 달라졌다

외식기업의 해외 진출을 더 자세히 들여다보자. 앞서 K-컬처가 전 세계적으로 인지도를 얻기 시작하면서 K-푸드도 남다른 위상을 얻기 시작했다는 점을 간략히 이야기했다. 한식의 다양성과 장점이 알려지고 있으며, K-드라마와 K-팝의 인기에 힘입어 K-푸드가 경쟁력을 가지는 시대가 되었다. 국내의 한정된 시장을 넘어 해외시장으로 확장 가능성을 내다볼 수 있게 되었다는 점은 매우 고무되는 일이다.

그래서 어느 정도 성장한 외식기업은 물론, 매장 수가 많지 않은 외식기업들조차 내수 시장을 뛰어넘어 해외시장에 진출하는 것을 목표로 한다. 해외 진출에 성공한 다양한 사례를 더 살펴보면서 외식기업이 바라볼 수 있는 미래란 어떤 것인지 알아보자.

2006년 처음으로 미국에 1호점을 오픈한 곳이 있다. '본촌치킨'은 2022년 6월 말 기준 미국 21개 주에서 118개로 점포 수를 확장했고, 현재 전 세계 8개국에 390개의 매장을 보유하고 있다. 2019년에는 태국의 다국적 기업에 2800억 원대에 매각되기도 했다. '네네치킨'이나 'BHC' 등 한국 치킨 업계는 이미 일본과 싱가포르, 태국 등 해외의 다양한 국가에 진출한 지 오래다. 외식기업 중 유일하게 상장한 교촌에프앤비는 올해 7월 캐나다 1호점을 오픈하며 북미시장 확장에도 박차를 가하기 시작했다. 고피자의 경우 7개국에 벌써 500여 개에 가까운 지점을 냈는데, 해외 매장을 오픈할 때 통상적으로 6개월의 시간이 소요되는 교촌에 비하면 굉장히 빠른 속도로 성장하며 매장을 늘려나가고 있다.

대기업만 해외 진출을 노리고 있느냐고 물으면, 당연히 아니다. 홍콩의 '전포식육'을 들어보았는가. 한글 간판과 한글 메뉴로 한국 음식을 판매하며 순수 한국인이 운영하는 고깃집인데, 2022년 8월 1호점을 연 이후 6개월 만인 2023년 2월 2호점을 오픈했다. 2024년 현재는 무려 7호점 오픈을 앞두고 있을 정도로 엄청난 성장세를 보이는 식당이다. 게다가 직원들에게 매장 지분의 30~70%씩을 부여해 수익의 일부를 직원과 명확하게 나누어 갖는 구조를 가진다. 덕분에 직원들의 열정과 로열티가 높은 브랜드로 자리 잡았다.

영국에도 비슷하게 한글 간판을 사용하고 한식을 판매하는 '홍대포차'가 있고, 프랑스 파리에는 '플러스 82'라는 한국식 빙수 등을 판매하는 카페가 있다. 단순히 한인타운에 있는 한식당

수준이 아니라, 제대로 기획하고 만들어진 K-푸드 매장으로서 인기를 끄는 곳이 많아지고 있다. 이는 과거에 비해 K-푸드의 인지도가 달라짐과 동시에 문화적 영향력의 변화로 K-푸드의 저변이 탄탄해졌다는 방증이다.

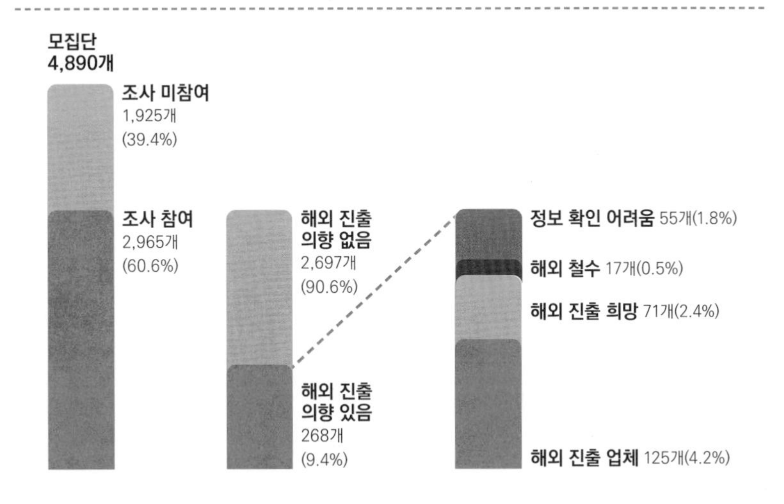

- **조사 모집단 4,890개**
  - 조사 참여 2,965개(61%) - 조사 미참여 1,925개(39%)

구분	업체 수(브랜드 수)
해외 진출	125(133)
해외 진출 의향 있음	71(71)
해외 철수	17(17)
정보 확인 어려움	55(55)
해외 진출 의향 없음	2,697

[자료 33] 2023 외식기업 해외 진출 실태조사(출처: aT한국농수산식품유통공사)

작년도 진행된 설문조사에 따르면 2,965개 기업 중 해외 진출을 했거나 의향이 있는 브랜드는 약 200개였다. 베트남 지역을 포함한 동남아시아 진출 선호도가 가장 높았고, 직접 진출보다는 마스터 프랜차이즈 형태로 진출하기를 원하는 경우가 많았다. 특히 예전에는 한국 기업들이 먼저 외국 바이어를 만나 해외 진출을 논의하는 형태가 많았다면, K-팝이나 K-드라마 등 한류 열풍이 계속되는 최근에는 외국 바이어들로부터 먼저 해외 진출 제안을 받는 경우가 점점 많아지고 있다고 한다.

해외로 진출하는 이유가 무조건 한류의 확산 때문만은 아니다. 미국 뉴욕을 서울과 비교했을 때, 커피숍 매장 수만 해도 3만 5,000개나 차이가 난다. 미국의 경우, 땅은 훨씬 넓은데 경쟁률은 훨씬 적고, 팁 문화로 인해 점주가 부담해야 하는 인건비가 상대적으로 적게 들어가며 서버를 직업으로 인정해주기에 근무기간도 긴 편이다. 반대로 한국은 땅은 좁은데 경쟁률은 무척 높고 인건비는 자영업자가 온전히 감당해야 한다. 정직원보다 아르바이트생의 비율이 높다. 쉽게 일을 그만두니 그만큼 사람의 드나듦이 잦아 인력 관리도 쉽지가 않다. 이는 시스템을 안정되게 갖고 가는 데에 걸림돌이 된다. 인건비 등 평균 투입 비용이 낮은 국가에 진출하는 경우 매출 대비 순이익을 높게 가져갈 수 있는 좋은 환경이다 보니, 인건비 비중이 높은 외식 창업자들이 해외로 눈을 돌리는 것도 이상한 일은 아니다.

국내의 외식업계는 이미 모든 분야에서 최저가 싸움에 들어섰다. 사실상 이미 포화상태인 국내 가맹시장 상황 속에서 새로운 성장동력을 확보하고 사업 기회를 창출하려면 해외 진출이 또 다른 답이기도 함을 잘 보여주는 변화다. 외식업계의 해외 진출은 성장이 아니라 생존을 위한 필수 선택지가 되었다. 이 점에서 스타트업이 확장하는 방식보다 더욱 사업의 집중력이 높다고 볼 수도 있다.

외식업계 이단아의 등장

예전에는 음식을 하던 사람이 음식업을 시작했다면, 어느 순간부터는 타 업계에서 외식업으로 진출하는 경우가 많아지고 있다. 특히 사업적으로 두각을 나타내는 성과 수준이 남다른데, 최근 패션이나 마케팅 등의 감각을 중시하는 업계에서 넘어온 이들이 만들어내고 있는 성장이 가히 놀랍다고 할 수 있다. 이들은 미각 이상의 탁월한 감각으로 외식업을 새로운 관점에서 바라보고 정의한다.

대표적으로 베이글의 대명사 '런던베이글뮤지엄'의 이효정 대표가 있다. 이 대표는 원래 '알스타일', '러브앤헤이트' 등의 패션 쇼핑몰을 운영하던 사람이었는데, 잠시 일을 놓고 영국 여행을 하던 중 런던의 느낌을 담은 카페를 오픈해야겠다고 생각했고, 그렇게 한국에 들어와 '하이웨이스트'와 '레이어드'라는 이전 매장을 거쳐 지금의 런던베이글뮤지엄을 만들어냈다고 한다. 외식을 통해 배만 채우던 시기는 지나가고, 식음료와 함께 여러 콘텐츠를 보고 듣고 느끼려는 요즘 세대의 특성을 완벽히 겨냥한 콘셉트로 지금의 위치에 서게 된 것이다.

'GFFG'의 이준범 대표는 미시간대 앤아버에서 경제학을 전공 후 W컨셉 신규 사업부 영업부서에서 디자이너 창작물 유통 업무를 담당했다. 그러다 미국적 감각이 담긴 외식 아이템을 잘만 기획하면 우리나라에서도 성공할 수 있을 거라 생각했고, 다운타우너의 전신인 '5BEY'에서 미국 경험과 감각을 접목해 새로운 시도를 했다. 결국 2022년 알토스벤처스와 쿼드자산운용 등으로부터 300억 원 규모의 시리즈A 투자 유치를 성공적으로 마무리하면서 그 가치를 인정받았다. 이제 GFFG는 다양한 맛과 콘셉트를 지닌 브랜드를 론칭하는 것을 넘어 여러 브랜드를 인큐베이팅 하는 액셀러레이터로 성장하고 있기도 하다.

게장을 판매하는 '게방식당'의 방건혁 대표는 10년 간 제일모직과 삼성물산 패션부문에서 일한 마케터였다. 매장 인테리어를 흰색·회색·은색의 3가지 색을 중심으로 디자인 했는데, 흔히 게장을 파는 한식당이라 하면 연상되는 좌식 테이블과 흰색의 비닐 테이블보 이미지를 탈피하고 세련된 레스토랑의 이미지를 구축해냈다. 주류 큐레이션 숍인 '마이페이보릿보틀' 성창언 대표 역시 제일모직과 삼성물산 MD 출신으로, 와인을 판매하는 것이 주 사업모델이지만 패션 MD의 경험과 감각을 살려 다양한 자체

굿즈를 만들기도 한다.

여행업계에서 외식업으로 넘어온 사례도 있다. 장재영 대표는 오랜 기간 여행업에 종사하다가 2011년부터 국내 여행 가이드를 하며 국내의 다양한 장소를 방문하게 되었고, 순창으로 여행을 갔다가 우연한 기회로 카페 운영을 시작하게 되었다고 한다. 그렇게 '순창 방랑싸롱' 카페를 운영하다가 이후 일본 오사카의 '다카쓰키 재즈 스트리트'에서 영감을 얻어 '사일런트 디스코'와 '쇼 미 더 순창' 프로젝트를 성공적으로 기획했다. 방랑싸롱의 조치원 버전인 '조치원정수장'은 여행자들이 모여드는 공간으로 기획해 카페 그 이상의 역할을 하고 있다.

직접 외식 브랜드를 운영하는 건 아니지만 손만 댔다 하면 성공하는 사례도 있다. 최근 여러 방송에도 출연하며 얼굴을 알린 '글로우서울'의 유정수 대표가 그 주인공이다. 유 대표는 본래 우주과학 전공으로, IT 개발자로 일을 하던 사람이다. 서울 익선동·대전 소제동·서울 창신동·이태원 경리단길·전주 팔복동·온천마을 등 다수의 상권 활성화 및 도시재생 프로젝트를 수행하며 기획자로서 자리 잡았고, 특히 얼마 전 오픈한 스타필드 수원의 별마당 도서관 디자인에 참여하기도 했다. 촘촘하게 잘 짜여진 공간 기획을 빠르고 정확하게 수행해 이름을 알리며 외식업의 새로운 도전을 함께하고 있는 사람이다.

타 업계에서 온 이들에게는 공통점이 있다. 바로 각 브랜드의 정체성을 확실하게 구축했다는 점이다. 런던베이글뮤지엄이 과연 베이글의 맛만으로 유명해졌는가? 노티드 도넛이 정말 범접할 수 없이 맛있어서 인기를 끌었을까? 절대 아니다. 다만 창업자가 지닌 타 분야의 역량을 최대로 발휘한 덕에 가능해진 일이라고 생각한다.

잘 만든 브랜드는 지역 생태계를 바꾼다

가보지는 않았어도 이름은 알고 있을 강릉의 '테라로사'나 양양의 '서피비치'에는 공통점이 있다. 바야흐로 '서울 공화국'이라고 불리는 시대에서 서울을 등지고 다른 지역에서 성공한 '로컬크리에이터'라는 점이다. 최근 들어 국내의 숨은 명소나 맛집, 이색 여행지를 찾아다니는 국내여행자가 증가하고 있다. 각 지역만의 특별한 장소나 유서 깊은 장소를 방문하는 것을 즐기는 로컬 여행이 인기를 끌면서, 2021년 말 즈음부터 지역 생산 농산물이나 로컬 푸드와 같은 지역 자원을 사업에 활용하고 지역 기반의 경제 활동을 구축해내는 창업자들을 일컫는 '로컬크리에이터'라는 말이 등장했다. 서울의 일부 지역도 해당하는 경우가 있기는 한데 보통은 고향에서 창업을 하거나 서울을 벗어나고 싶어 하는 사람들이 지방에서 창업을 하는 경우가 여기에 해당한다. 물론 단순히 창업을 한다고 해서 로컬크리에이터가 되는 것은 아니다. 기업가형 소상공인의 면모를 보이면서, 창업 지역의 자원을 활용해 지역 특색을 살린 아이템을 만들어내는 창의적인 아이디어가 있을 때 이들을 로컬크리에이터로 칭한다.

로컬 자원을 활용하는 로컬크리에이터의 매장을 직접 찾아가는 소비 형태는 계속 증가하고 있다. 그러나 국내 여행과 국내 지역 발전에 대한 관심이 높아지고 있는 것에 비해 상대적으로 해당 지역에서 즐길 수 있을 만한 콘텐츠는 현저히 적은 것이 사실이다. 어디 놀러가도 딱히 할 게 없어 점점 지역 소비가 감소하고 지역소멸의 위기에 처한 곳들이 증가하다 보니, 이러한 지역소멸 문제를 해결하고 상권 활성화를 도모하기 위해 정부에서는 로컬크리에이터들을 발굴·육성하는 사업을 시행한다.

서울은 이미 '서울시 로컬브랜드 육성 및 강화' 사업 대상지로 양재천길·합마르뜨·샤로수길 등 10개 이상의 골목상권을 선정하는 등 서울 내 숨은 상권을 발굴하는 데 박차를 가하고 있다. 경남창조경제혁신센터는 2025년까지 3년간 로컬크리에이터를 육성하는 사업을 운영할 계획이고, 강원도의 경우 강원도립대와 양구군이 협력해 청년 로컬크리에이터 인재 양성을 위한 협약을 맺었다. 전남창조경제혁신센터의 경우 무려 2019년부터 로컬크리에이터 발굴 및 육성 사업을 꾸준히 운영하며 이미 100팀 이상이 본 사업을 거쳐가기도 했다.

좁은 땅덩어리에 비해 굉장히 많은 자영업자가 살아남으려면 특색 있는 아이템을 제대로 기획할 수 있어야 한다. 우리 매장만이, 내 점포만이 해줄 수 있는 특별한 무언가를 개발해 기술적으로 발전시켜야 경쟁력을 갖출 수 있다.

IP 사업 – 외식업 평행이론

우리는 이 '외식 투자'로 과연 어떤 미래를 만날 수 있는 걸까? 투자 시장을 통해 외식산업은 어떻게 바뀔까? 사실 지금까지 성공한 외식기업 대표자들은 외식이 아닌 분야에서 온 경우가 많다. 반대로 생각하면, 외식 자영업자들은 다른 분야에서 온 사람들을 통해 새로운 트렌드를 습득하고 자영업에 활용할 수 있어야 한다. IP 사업에 관해 조금 더 알아보자.

음식을 통해 파생되는 새로운 산업

IP 기반 비즈니스란, IP(Intellectual Property)를 기반으로 하는 사업 형태를 말한다. IP는 저작권보다 더 넓은 개념에서 지적 능력을 가지고 만들어진 창작물에 대한 권리를 총체적으로 이르는 말로, '지식재산권'이라고 부른다. 이 IP사업은 하나의 큰 기둥 사업에서 뻗어나온 다양한 요소를 가지고 사업을 확장하기 때문에, 사업 확장성 측면에서 넓은 의미를 지니기도 한다. 이 비즈니스는 상표권 기반으로 산업을 상품화하는 라이선싱과 브랜드가 지닌 저작권을 기반으로 다양한 매체와 장르 등을 연결하는 OSMU One Source Multi Use 전략으로 구분된다. 특히 '무형의 가치에 부과된 재산권'을 다양한 방식으로 유형화하여 수익을 얻는 것이 핵심으로, 대표성을 띤 인물이나 캐릭터, 게임 등이 가진 고유의 라이선스를 상품으로 만드는 걸 비즈니스 모델로 하고 있다.

푸드 IP란 말 그대로 푸드를 활용한 IP 기반 비즈니스를 일컫는다. 음식 메뉴의 개발 기술과 노하우, 레시피, 상표, 디자인 등 외식업 브랜드와 관련된 모든 것들을 이용해 수익화할 수 있는 총체적인 권리가 포함된다. 우리가 매장에서 본죽을 주문해서 먹는 동시에, 같은 시간 편의점에서도 본죽을 사 먹을 수 있게 된 것은 외식업이 IP 비즈니스로 확장되고 있음을 잘 보여주는 예시이다. 그러나 이제 외식업은 음식 레시피에만 집중했던 과거와 달리 사업과 연계된 여러 가지 가치를 모두 기회로 보며 영역을 확대해나가고 있기도 하다.

이 시대는 상품과 서비스를 받아보는 것에서 더 나아가 콘텐츠를 기반으로 한 새로운 경험을 추구한다. 디자인이나 캐릭터뿐만 아니라 세계관을 별도로 구축하는 것도 좋다. 확실한 브랜딩이 된 제품을 좋아하는 건 전 세대 누구나 마찬가지지만 특히나 2030의 젊은 세대들에게서는 숨은 맛집이나 독특한 인테리어로 꾸며진 매장, 특색 있는 분위기가 있는 곳, 한 번도 먹어보지 못한 레시피 등 새로운 것을 선호하는 경향이 두드러진다. 그래서 브랜드의 정체성을 확립하고 이를 활용해 다양한 사업 기회를 열어가는 푸드IP의 중요성은 점점 더 커지고 있다.

과거 이러한 IP 기반 비즈니스는 출판업계에 적용되는 경우가 많았다. 책으로 나온 이야기가 영상으로 구현되는 과정에서 출판사는 판권사업, 영상사업 등을 수행할 수 있었기 때문이다. 이북e-book이 등장하면서부터는 종이책을 전자책이나 오디오북으로 바꾸기 위해 전자출판과 오디오 사업에까지 발을 들이게 되었다. 지금은 F&B·패션·뷰티·유통·제조업계는 물론 영화·드라마·웹툰·웹소설·게임·연예사업까지 장르와 분야를 가리지 않고 수많은 곳에서 IP 비즈니스를 활용하고 있다. 브랜드가 더 넓은 세계로 확장되기 위해서는 기존의 형태만 고수해서는 안 된다는 것을 깨달았기 때문이다.

IP 비즈니스 모델을 성공적으로 마련하면 같은 아이템으로 오랜 기간 사업적 이익을 볼 수도 있다. 가장 이해하기 쉬운 예로 조앤 K. 롤링의 《해리 포터Harry Potter》 시리즈를 들 수 있다. 《해리포터》는 책으로 쓰여진 소설에서 시작해 영화 소재와 놀이공원 테마로도 활용되는 등 넓은 콘텐츠 범위에서 사용되고 있다.

2000년에 시리즈 첫 편이 공개되어 벌써 20년이 넘은 이야기지만, 여전히 굳건한 팬덤을 유지하고 있어 아직까지도 높은 굿즈 판매량을 기록하고 있고 2022년에는 게임까지 등장했다. 작가의 필력, 영화화를 통한 화제성 구축 등 다양한 인기 요인이 있었겠지만, 그중에서도 가장 핵심적인 성공 요인은 스토리였을 것이다. 사람들이 주인공에게 몰입할 수 있는 탄탄한 세계관을 구축하고 캐릭터와 독자가 함께 성장하는 듯한 느낌을 주었기 때문에 해리포터는 여전히 현재형으로 인기를 끌고 있다.

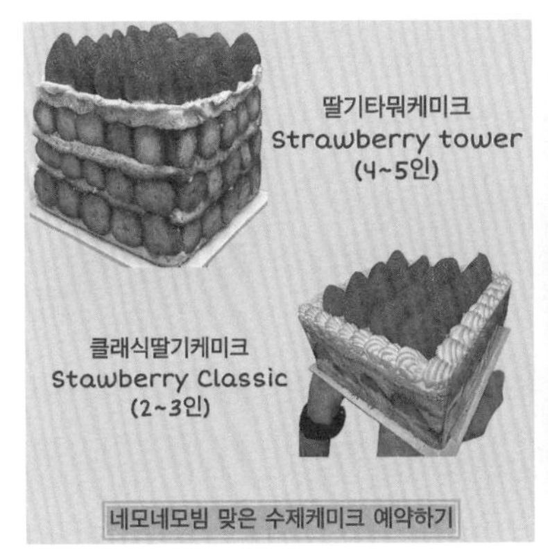

[자료 34] **네모네 인스타그램(왼) ㅂㅁ-직접촬영(오)**

'네모네모빔'이라는 인터넷 밈*이 있다.

* 모방한다는 의미가 담겨 있다. 인터넷 커뮤니티나 SNS 등에서 재생산되며 퍼지는 유행.

서울 성수동에 있는 '네모네'라는 카페는 한때 SNS에서 유행한 이 인터넷 밈을 활용해 매장의 콘셉트를 잡았다. 그래서 모든 메뉴에는 'ㅇ이응'이 없다. 복숭아는 '복숨마'가 되었고 케이크는 '케미크'가 되었으며, 심지어는 사각형의 케이크만 판매한다. 누구나 알고 있는 밈이지만, 아무도 시도하지 않았던 방식으로 풀어내 그 카페만의 콘셉트를 완성해낸 훌륭한 사례라고 할 수 있다.

인천에는 카페 이름이 'ㅂㅁ비읍미음'인 곳이 있다. 주력 메뉴인 비엔나와 밀크티의 초성에서 따와 이름을 지은 건데, 주택을 개조한 이 카페는 대문까지도 비읍과 미음 모양으로 만들어졌다. 문을 밀고 들어가면 계단 앞에는 초성으로만 된 'ㅂㅁㅎㅈㅅㅅㄱㅅㅎㄴㄷ방문해주셔서 감사합니다'라는 입간판이 놓여 있다. 별다른 디자인도 없이 그저 초성만을 활용해 이 매장만의 특성을 보여주고 있는데 그게 또 신기하게 매력적인 것이다.

이처럼 IP 사업에서는 콘텐츠를 잘 기획하는 것이 아주 중요하다. 좋은 콘셉트와 함께라면 브랜드의 가치도 오래 유지시킬 수 있으니 말이다. 단순히 좋은 상품이면 되었던 과거와 달리 이제 사람들은 브랜드가 가진 이야기와 눈길을 끄는 것들에 흥미를 보인다. 브랜드에 정체성을 부여하고 우리만이 가진 이야기를 풀어냈을 때 사람들은 감성적으로 접근한다. 맛있는 빵을 강조하는 것보다, 사연 있는 매장의 이야기를 강조하는 편이 마케팅 효과가 더 좋을 수 있다. 그리고 그 스토리가 마음에 든 고객은 브랜드의 '팬'이 되며, 이 팬은 충성고객이자 또 다른 마케터의 역할까지 수행한다. 그러니 외식업계도 스토리텔링을 통해 팬덤을 형성해야 한다. 충성고객을 늘리고 브랜드 이미지를 구축할 수 있는 다양한 콘텐츠를 마련해야 한다. 좋은 아이템에 괜찮은 콘셉트, 거기에 더해 설득력 있는 이야기가 만나면 수많은 부가가치를 창출할 수 있다.

연예기획사는 여러 사람을 모아 하나의 그룹을 만들고 그 그룹만이 가지는 정체성과 스토리를 부여한다. 더 나아가서는 세계관까지 구축해 그들만이 할 수 있는 이야기를 한다. 이 이야기에 마음을 연 팬들은 가수의 음악을 소비하는 것을 넘어, 공연이나 굿즈 상품 등을 모으기 위해 하나둘 지갑을 연다. 즉 아이돌 매니지먼트 사업도 대표적인 IP 비즈니스다. 외식기업은 이런 콘텐츠 비즈니스와 매우 유사한 모습을 보이고 있다. 외식업에서 IP 사업을 해야 하는 이유를 엔터테인먼트 기업의 재무제표에서 찾아보자.

JYP엔터테인먼트의 28기 매출은 총 3400억 원으로 그중 재화매출**이 약 2500억 원에 달한다. 재화매출의 절반 이상인 1700억 원가량은 음반 및 음원에서 발생하는데, 그렇다면 나머지 약 800억 원의 재화매출은 어디에서 발생할까? 바로 굿즈로 불리는 인형이나 포토카드, 후드집업이나 모자 등 다양한 상품을 판매해 나오는 수익이다.

** 소비자가 비용을 지급했을 때 물건을 받아볼 수 있는 상품에서 나오는 매출.

하이브의 구조도 비슷하다. 앨범을 통한 매출액은 5000억 원이 넘으며, MD와 IP 라이선싱을 통한 매출이 3900억 원으로 앨범 다음으로 높은 비중을 차지한다. 하나의 아이돌 그룹에서 다양한 IP 활용도를 보이며 끝없는 매출 확장을 이뤄내고 있는 것이다.

음식에도 권리가 있다

외식업계에도 이런 굿즈 사업을 하는 곳이 있다. GFFG 이준성 대표는 앞서 얘기한 것처럼 패션 업계에서 종사했던 경험이 있다 보니 IP 사업에 굉장히 익숙하며 이를 잘 활용하고 있다.

[자료 35] 노티드 도넛 공식 인스타그램

노티드 도넛은 기본적인 맛을 보장하면서도 크림이 한가득 있는 새로운 비주얼의 빵을 판매하여 SNS를 통해 입소문을 탔다. 게다가 노티드만이 가진 매장 분위기와 고유의 캐릭터는 사람들의 마음을 사로잡기에 충분한 요소로 작용했으며, 이슬로 작가와 협업해 만든 슈가베어 캐릭터는 인형이나 케이크 디자인 등 다방면으로 활용되고 있다. 최근까지도 애니메이션, 게임 등 타 업계와 컬래버레이션을 하며 굳건한 위치를 유지하고 있기도 하다. 혀가 살짝 나온 스마일 캐릭터는 노티드의 시그니처 페이스가 된 지 오래다.

이외에도 노티드는 카카오, 롯데제과, 삼성전자, 신한카드, 이니스프리 등 다양한 기업과 함께하며 음식을 넘어 리빙 제품으로도 나아가고 있다. 브랜드 이미지를 담은 캐릭터 하나만 잘 만들어도 굿즈를 포함한 컬래버레이션까지, 다방면으로 활용될 수 있음을 너무나 잘 보여주는 예시다. 심지어 또 다른 브랜드 '호족반'의 경우 GS25와 협업해 간편식을 출시하면서 호족반 로고를 찍은 잠옷과 티셔츠 1,500여 개를 경품으로 증정하기도 했다. 외식업이 외식업으로만 머물지 않다는 것을 보여준다.

국내 밀키트 1위 업체 '프레시지'는 일부러 개업한 지 30년 이상 된 매장을 방문해 간편식으로 전환시키는 활동을 했다. 식당 입장에서는 오래된 조리법을 구전으로만 전하는 것이 아니라 확실하게 지식재산권으로 바꿀 수 있어 좋고, 프레시지 입장에서는 창조적 브랜딩 과정을 줄이고 빠르게 매출에 기여할 수 있어 좋은 일이었다.

대표적인 순후추 판매 기업 '오뚜기'는 지난해 냉동삼겹살 식당 '후추네'와 함께 '순후추네'라는 팝업스토어를 열었다. 후추네의 냉동삼겹살을 메인 메뉴로 판매하면서 순후추를 곁들여 먹을 수 있도록 모든 테이블에 비치하고 오뚜기와 후추네가 협업해 만든 곁들임 메뉴에도 후추를 사용한 것인데, 힙한 외관으로 많은 이들의 눈길을 끌었다. 이뿐만 아니라 오뚜기는 순후추 컵라면을 출시하는 등 향신료만으로 쓰일 줄 알았던 상품에서 새로운 제품을 만들어내고 있다.

'스타벅스' 하면 가장 먼저 생각나는 건 무엇일까? 왠지 모든 것이 초록색일 것만 같고, 큰 별이 하나 생각나지 않는가? 노티드 도넛을 이야기 하면 웃고 있는 얼굴과 곰인형이 떠오르고, 교촌치킨을 이야기하면 가장 먼저 허니콤보가 생각날 것이다. IP 비즈니스를 쉽게 이해하기 위해 캐릭터와 스토리텔링을 위주로 예시를 들었지만, 그것만이 IP의 전부는 아니다. 일상적인 소비생활에 깊숙이 들어와 있는 외식 서비스업은 가지고 있는 자산이 많다. 브랜드의 로고도 IP이고, 제품 자체로도 IP가 될 수 있으며, 브랜드가 추구하는 정체성과 슬로건, 레시피, 서울 한복판에 자리한 'I SEOUL U'까지 모든 것이 IP다. 브랜드의 색상이나 대표 메뉴, 인테리어의 특징 등 모든 것이 IP 사업의 소재가 될 수 있다. 확장성이 좋은 사업은 투자 시장에서 높은 가치로 평가를 받을 수 있는 분야라는 걸 간과해서는 안 된다.

'만월회'는 카페 음료 베이스를 집에서도 간편히 먹을 수 있도록 개인과 카페를 대상으로 음료 간편 패키지를 판매하는 대표적인 IP 사업 외식기업 중 하나다. '달에 카페를 만들면 사람들이 달을 볼 때마다 자신들을 떠올리지 않을까?' 하는 다소 이상한 생각에서 출발한 이 회사는 '보름달 뜨는 날 천재들의 모임, Awake your inspiration'이라는 슬로건 아래 그들의 음료를 마시는 사람들에게 영감을 주고 싶다는 일념으로 브랜드를 운영해오고 있다.

[자료 36] **만월회 음료 패키지(왼) 만월회 캐릭터 '달동희'(오)**

처음 만월회가 유명해진 것은 X[구 트위터]를 통해서였는데, 원액의 농도가 진하고 맛있어 코로나 시기 카페에 방문하기 어려웠던 사람들의 니즈에 적중한 덕분에 크게 성장했다. 단순히 제품을 납품하는 것뿐만 아니라 자신들이 제공하는 카페 플랫폼 운영 전반에서 브랜딩 요소를 다양하게 활용하고 있기도 하다. 특히

임직원은 '빅문', 팬들은 '달무리'라는 이름을 붙여 고객과 브랜드의 유대를 강화시키고 있는데, 덕분에 제품 개발 블라인드 테스트를 해주거나 아이디어를 제공해주는 충성고객이 점점 증가하는 추세다. IP 사업에서 빠질 수 없는 캐릭터 디자인 역시 만들어져 있는데, '달동희'라는 캐릭터를 개발해 다양한 굿즈를 출시하고, 달무리들과 소통하는 데 캐릭터를 활용하기도 한다.

단순히 콘텐츠가 잘 꾸며져 있기 때문에 만월회를 IP 사업의 예시로 든 것만은 아니다. 우리가 이 책에서 말하고자 하는 바의 핵심은, 생계형 자영업자는 기업가형 소상공인으로 성장해야 하며 그 기업가는 본인들만의 명확한 아이템을 만들어 투자를 받을 수 있어야 한다는 것이다. 그 명확한 아이템의 전제는 자신의 비즈니스를 IP화가 가능하도록 먼저 정의하는 것에 있다.

만월회는 코로나19라는 시기를 잘 탄 홈카페 아이템으로 시작했고, 온라인상에서 그 상품성을 인정 받아 이후에 오프라인 매장으로 진출했다. 그러다 유통기한을 늘려달라는 팬들의 요청으로 원물의 맛을 최대한 보존하되 오래 유지되는 살균법을 개발했고, 저당음료를 만들어달라는 요청에 저당 원료 특유의 뒷맛이 남지 않는 대체당을 개발하며 기술성을 높여나갔다. 그리고 이 기술 덕분에 2024년 3월 히스토리벤처 투자로부터 투자를 유치받았다. 자신들을 좋아해주는 고객들과의 유대를 위해 IP 사업을 확장시켜 나가다가 기술적으로 성장해 투자까지 유치했다는 점이 바로 우리가 말하는 외식업의 발전 양상이며, 좋은 투자처의 표본이라고 할 수 있다.

IP 사업의 확장을 강조하는 이유는 하나다. 고객과 소통하는 방식과 연결되기 때문이다. 좋은 제품과 맛있는 음식을 제공하는 것은 외식업의 당연한 과제이지만, 이것을 원하는 고객과 어떻게 소통하느냐는 전적으로 기업의 능력에 달려 있다.

자신들이 가진 브랜드를 강화하고 소비자와 이야기를 나누는 수단으로 IP를 활용할 때, 브랜드의 확장성은 무한히 커진다.

지방 소멸의 탈출구

"우리나라에 사람이 이렇게 많았나?"

지방에서 서울로 올라온 사람들은 수많은 인파에 놀라곤 한다. 그도 그럴 것이 2019년 이후 수도권 인구 비율이 우리나라 전체 인구 대비 절반을 넘어섰기 때문이다. 이를 흔히 '수도권 인구 쏠림 현상'이라 칭한다. 수도권에 인구가 집중되면서 다른 지역들은 인구가 줄어 '소멸'에 가까워지고 있다.

최근 4월, 전국 228개 시군구 중 절반이 넘는 121곳(53.1%)이 소멸 위험 지역으로 분류되었다. 이는 지난해 2월 한국고용정보원이 발표한 지방소멸 위험지수 자료의 소멸 위험 지역 118곳보다 증가한 수치로, 1년 만에 3곳이 더 늘어난 셈이다.

지역 소멸을 대비해야 하는 현시대, 어떻게 하면 지역의 새로운 지속가능성을 모색할 수 있을까? 그 해답은 '외식업'으로부터 찾을 수 있다. 이제는 프랜차이즈보다 지역 맛집이 더 떠오르는 시대다. 많은 로컬 매장들이 고객에게 인정받으며 시장에 안정적으로 뿌리 내리고 있다. 지역의 스토리를 담은 체험을 제공하는 공간에서 우리는 로컬의 매력을 가장 깊게 느낄 수 있다. 그렇기에 전략적으로 가맹점을 확장하기 위해 만들어진 기획성 중심의 프랜차이즈보다는 지역 기반의 기업에 더욱 신뢰가 갈 수밖에 없다.

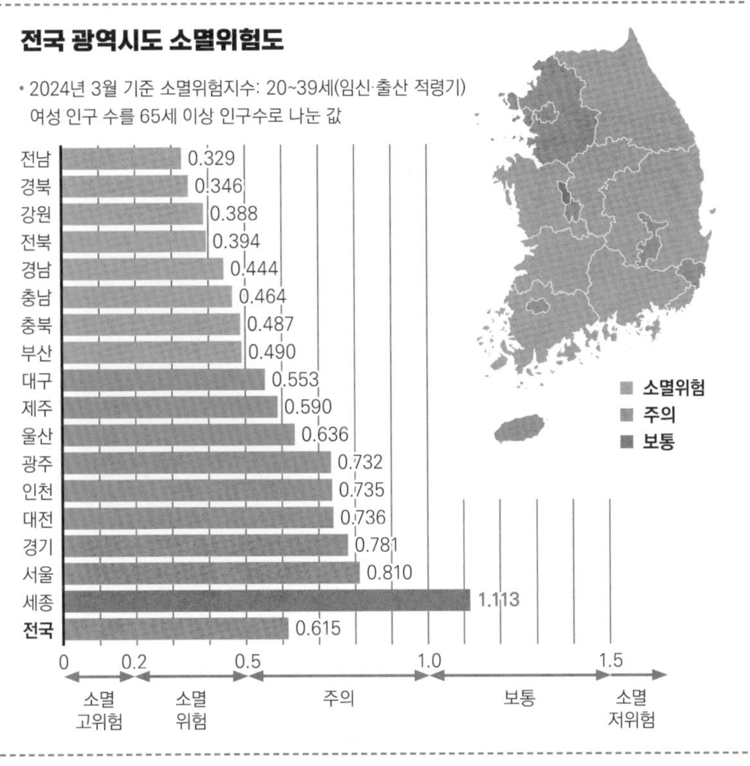

[자료 37] 전국 시군구 소멸위험 현황 (출처: 한국고용정보원)

잘된 외식기업 하나가 지역을 살린다

지역 정체성을 잘 갖춘 로컬 브랜드는 어지간해서는 대기업조차도 상대하기 어렵다. 이러한 로컬 기반의 성공한 외식 비즈니스는 곧 지역 자체를 마케팅하기도 한다.

지역	외식기업	외식기업의 지역 활성화 요인		
		지역 특화	지역 확장	인력 창출
대전	성심당	○		○
서울 익선동 대전 소제동	익선다다	○		○
강원도 강릉	테라로사		○	○
전북 임실	임실치즈마을	○		○
서울 연희동	사러가쇼핑센터			○
강원도 춘천	감자밭	○		○
강화도	도레도레	○	○	
충남 예산	예산상설시장	○		○

- 지역 특화: 지역 고유의 정체성을 반영한 경우(특산물 활용 등)
- 지역 확장: 전국적으로 브랜드를 확장한 경우
- 인력 창출: 브랜드가 잘 되면서 그 지역의 고용 창출에도 기여한 경우

[자료 38] **외식기업의 지역 활성화 요인**

위 표는 각각 지역 정체성, 지역 상생, 인력 창출, 희소성 등의 활성화 요인을 기준으로 지역을 되살리고 있는 외식기업을 구분한 것이다. 지역의 새로운 지속가능성을 그려나갈 외식기업에 대해 함께 살펴보자.

대전을 말할 때, 수식어처럼 따라오는 대표적인 로컬 가게가 있다. '성심당'이다. 그동안 대전은 특색 없는 도시로 알려져 있을 정도로 타 지역민이 관광으로는 잘 방문하지 않는 곳이었다. 그러나 이제는 '빵의 도시'로 불리며, 매일 아침 빵을 사기 위해 여러 지역민들이 오픈런을 마다하지 않고 성심당 앞에 줄을 선다. 실제로 하루 동안 성심당에 방문하기 위해 전국에서 찾아오는 손님은 약 1만 7,000명이 넘는다고 한다.

2017년 19대 대통령 선거의 개표 방송 중 대전 투표율을 안내하는 장면에서 성심당이 소개되었는데, 특정 상점이 지역 전체를 대표한 장면은 대전의 성심당이 유일했다. 올해 4월, 국회의원선거에서는 대전광역시가 유권자의 관심을 높이기 위해 성심당과 함께 '선거빵'을 출시하는 등 투표 독려 홍보 캠페인을 실시하기도 했다.

성심당 빵을 사기 위해 대전을 방문한 전국 단위 관광객이 자연스럽게 부가적으로 다양한 로컬 소비와 관광을 하는 덕분에 주변 골목의 떡볶이 가게는 물론 카페, 식당 등에도 사람들이 붐비기 시작했다. 적막했던 거리가 다시 활기를 찾기 시작하자, 성심당 인근 상인들은 '성심당 구매 영수증 제시할 시 할인', '성심당 빵을 가져올 시 식기 제공' 등의 이벤트를 통해 관광객의 발길을 붙잡고 있다. 이렇게 성심당은 자신들의 브랜드뿐 아니라 지역 상권을 경험하고 소비를 늘리도록 유도함으로써, 인근 상점의 매출 증가와 지역 주민들의 고용 창출에 기여하는 효과를 가져왔다. 빵이란 음식 하나가 그 지역을 대표하고 사람들을 불러 모아 지역 경제를 이끄는 요소로 작용하고 있는 것이다. 한낱 동네 빵집이었던 외식 브랜드가 그 지역 전체를 활성화시킬 수도 있음을 보여주는 대표적인 사례로 꼽을 만하다.

대전역 인근의 소제동도 비슷한 사례다. 소제동을 걷다 보면, 갑자기 볼리비아의 우유니 소금 사막을 닮은 식당이 등장하고 우거진 대나무밭 속 숨겨진 찻집이 등장한다. 이처럼 소제동 내 500미터에 걸쳐 있는 10곳의 가게는 모두 각각의 특색을 지니며 전국의 젊은 세대를 대전으로 불러들이고 있다.

이 같은 변화의 바람을 불러일으킨 것은 '익선다다'라는 기업으로, 그 첫걸음은 익선동 한옥 거리였다. 이들은 2014년, 익선동 근대한옥마을 도시재생 프로젝트를 성공적으로 기획하여 아무도 찾지 않던 익선동을 부활시켰다. 익선동 카페의 시초였던 '익동다방'을 시작으로 레스토랑 '열두달', '경양식 1920', '르블란서', '엉클비디오타운', '낙원장' 등 10여 개 상가를 기획했다. 익선동에 남아 있는 역사적 흔적을 최대한 되살리기 위해 브랜드 기획 단계부터 디자인, 운영까지 고민을 거듭해 한옥의 개성을 살린 공간을 만들었다. 그 노력 끝에 서울 도심 속에서 이색적인 분위기를 자아내는 익선 거리를 만들어냈고, 당시 익선동의 연간 방문객은 420만 명으로 급증했다.

익선다다가 재탄생시킨 상권에선 단순히 음식만 먹고 떠나는 것에 그치지 않고, 보고 듣고 느낄 수 있는 콘텐츠를 향유할 수 있다.

"남겨진 것의 가치를 발견하고 새로운 의미를 더하여 사람들과 만납니다."

익선다다가 내세우는 캐치프레이즈다. 익선다다는 특별한 상점이나 콘텐츠보다 지역이 지닌 이야기를 중심에 둔다. 이를 통해 지켜가야 하는 것과 새로운 것의 질서를 알고 삶과 밀접한 활동을 통해 경험의 가능성을 열고 있다. 이처럼 로컬의 가치가 덧입혀진 외식기업은 그 브랜드와 상권뿐만 아니라 '지역'을 중심으로 진화할 수 있다.

지역 생태계에 영향을 준 주요 사례는 강원도에서도 찾아볼 수 있다. 2020년 4월 한국은행 강원본부에서 발행한 〈지역경제보고서〉에 따르면, 강릉·속초·동해 등 영동 지역 내 커피 전문점은 총 1,166개이며 이 중 45%는 강릉에 있다. 한국에서 커피를 지역 산업으로 발전시킨 도시는 강릉이 유일하다. 강릉을 커피 산업의 메카로 개척한 선구적 역할을 한 가게는 2곳으로, 2000년대 초반 스페셜티 커피 전문점으로 시작된 '보헤미안'과 '테라로사'다. 특히, 테라로사는 전국적인 체인으로 성장해 강릉을 대표하는 커피 브랜드가 되었다.

20년 전, 카페 불모지였던 강릉에서 한 폐공장을 공장형 카페로 바꾸면서 지금의 테라로사가 탄생했다. 테라로사는 자신들의 정체성뿐만 아니라 매장이 위치한 장소가 지닌 공간성·시간성·사회성을 중요시하며 각 매장 인테리어에 반영했다. 부산 수

영점의 경우, 45년간 강철 와이어를 생산하던 공장의 특성을 살려 철제 중심의 인테리어로 카페를 구성했고, 양평 서종점은 어린 자녀를 둔 가족이나 연인이 많이 찾는 지역 특성을 고려해 수공예품을 판매하는 '문호리 리버마켓'을 입점시키며 리빙용품 편집숍과 와인숍이 있는 마이크로타운을 형성했다. 그렇게 공간의 미학과 먹거리를 융합해 자신들만의 고유한 커피 문화를 쌓아왔고, 스페셜티 커피 문화를 더욱 확산하기 위해 주요 커피 산지에서 직수입한 원두 구독 서비스를 제공하며 소식지 〈커피타임즈〉를 만들어 배포하고 있기도 하다.

이런 테라로사만의 맛과 멋에 매력을 느끼는 사람들이 늘어나며 전국에 20개 매장을 열게 되었고, 입소문을 타면서 전국의 커피 애호가들이 점점 모여들자, 테라로사 주변 일대에 커피 전문점이 하나둘 생겨나기 시작했다. 강릉을 중심으로 확산된 데에는 테라로사의 질 높은 커피 문화 보급이 기여한 바가 크다고 볼 수 있다. 스타벅스가 커피로 시민의 라이프스타일을 혁신했다면, 테라로사는 '강릉'이라는 지역의 라이프스타일 변화를 이끈 것이다. 지난 20년간 강릉 지역의 정체성을 유지하며, 커피 문화 및 라이프스타일 공간으로 강릉의 커피 산업 전체를 견인해왔다고 봐도 무방하다.

국내 최초 치즈 생산지로 불리며, 마을 단위의 공동체 및 사업체 구축을 통해 조성된 브랜드도 있다. 전라북도 임실군의 마을 공동체가 설립한 치즈 브랜드, '임실치즈마을'이다.

본래 임실 지역은 산이 많고 농사를 지을 땅이 부족한 곳이다. 이러한 지역 상황을 안타까워한 한 신부의 노력이 브랜드의 시발점이 되었다. 프랑스와 이탈리아로 치즈 견학을 다녀오며 노력한 끝에 임실치즈 개발에 성공했고, 이를 활용해 마을의 정체성이 되는 사업을 만들고자 했다. 그러나 치즈 공장 하나로 마을 전체 소득이 충족될 수는 없는 상황이었다. 그렇게 수익성을 높이면서도 공동체를 안정적으로 운영할 수 있는 목장형 유가공 공장의 클러스터 '임실치즈마을'이 탄생했다. 임실읍에 위치한 7개 마을과 영농 법인, 30여 명의 농민이 공동 출자했으며, 지방자치단체의 도움 없이 위원회가 주체적으로 운영하고 있다.

임실치즈마을은 로컬 푸드 직매장, 체험 식당, 한우와 치즈를 곁들인 농가 레스토랑 등으로 구성되어 있다. 스트링 치즈, 구워 먹는치즈, 치즈 마카롱, 요거트 등 다양한 상품을 판매한다. 또, 유럽 농가를 옮겨놓은 듯한 풍경의 임실치즈마을은 관광객의 눈길을 사로잡기에도 아주 매력적이다. 이 브랜드는 상품 판매와 농촌 체험 행사 등을 통해 매해 2만 명 이상의 관광객을 끊임 없이 유치하고 있다. 2022년 개최한 '제8회 임실N치즈축제'에 방문한 관광객은 52만 명에 이르러 임실군 전체 인구의 20배에 가까운 수치를 기록했다.

뿐만 아니라 임실치즈마을은 떠나간 주민이 다시 돌아오도록 하는 특별한 지역 소멸 해결방안을 제시한다. 바로 '장학금'이다. 크지 않은 금액이지만 대학에 입학하는 자녀들에게 매년 장학금을 지급하고 있고, 그렇게 마을의 사랑을 듬뿍 받으며 자란 아이들은 결혼도 하고 아이도 낳아 '다시' 임실로 돌아오고 있다고 한다. 이것이 바로 작은 마을 브랜드에서 시작해 지역 방문객을 늘리고, 나아가 일자리 창출과 더불어 지역 소멸과는 정반대의 길을 걷는 임실치즈 마을에 주목해야 하는 이유다.

지역의 구심점이 된 외식기업

최근 서울 연희동에 위치한 '사러가쇼핑센터'가 한국의 동네 마켓 트렌드를 선도하고 있다. 온라인 쇼핑과 온라인 시장이 날로 발전하지만, 주민을 대상으로 커뮤니티 공공재와 대인 서비스를 제공하는 동네 슈퍼의 고유한 영역은 여전히 남아 있다. 세상이 아무리 빠른 속도로 변화하고 있어도, 동네 경제의 중심은 여전히 동네 마켓인 것이다. 이는 대형 마트나 프랜차이즈가 충족시켜줄 수 없는 고유의 영역이다. 그러므로 지역 주민들의 요구를 만족시켜주고 공동체의 사랑방 역할을 하는 곳이라면, 그 지역 시장의 판도를 바꿀 수 있다. 그리고 동네 마켓 본연의 역할을 해내고 있는 그곳 중 하나가 바로, 사러가쇼핑센터다.

1965년 설립 후, 1975년 전통시장인 연희시장을 인수해 한국에서는 보기 드문 현대화된 대형 독립 슈퍼마켓을 목표로 성장한 이곳은 생필품만 판매하는 슈퍼마켓이 아닌 떡집·제과점·의

류점·양품점·외국상품전문점·약국 등 지역에 필요한 상점을 모아 온, 지역의 종합 시장 역할을 한다. '사러가쇼핑센터'가 일반적인 슈퍼와 가장 차별화된 점은 '스페셜티(고부가치 제품) 전문점'을 보유하고 있다는 것이다. 커피, 치즈, 꿀, 오일, 향료, 소스, 초콜릿, 소시지 등 고유한 맛과 향을 찾는 고객을 위해 퀄리티 있는 스페셜티 제품들을 들여와 판매하고 있다. 유기농 전문 슈퍼마켓 모델이면서도 또 매장의 식자재로 음식을 만들어 판매하는 그로서란트Grocerant*를 결합한 새로운 모델로 진화 중인 동네 슈퍼다.

이곳을 보면 지역민의 건강과 사회 환경을 우선시하는 미국 기업 '홀푸드마켓'이 떠오르기도 한다. 그러나 홀푸드마켓은 가격경쟁력에 밀려 끝내 저가 매장을 오픈하였고, 전국화 모델을 선택하며 아마존에 인수된다. 반면 사러가쇼핑센터는 프랜차이즈화를 시도하지 않고, 줄곧 서울 신길동과 연희동에서 매장을 운영하는 지역 슈퍼마켓 모델을 고수한다는 차이가 있다.

사러가쇼핑센터는 연희동 일대에 안전하고 신선한 먹거리를 공급하겠다는 기업가 정신을 지향한다. 그래서 연희동이 있는 서대문구를 비롯해 일대의 마포구와 은평구까지 상품을 직접 배송하며, 정육점과 수산물 코너를 자체 운영해 식자재 품질관리를 하고, 농수산 가공식품은 친환경 인증을 받은 것으로만 직거래한다. 이처럼 지역민을 고려한 생활 밀착형 서비스와 철저한 품

* 그로서리(grocery)와 식당(restaurant)을 결합한 식문화 공간을 일컫는 말.

질관리, 친환경 상품 중심의 매장 운영 등을 통해 '사러가'는 소비자들의 신뢰를 확보했다. 그렇기 때문에 개점 후 지금까지, 지역 정체성을 대표하는 간판 상점으로서 여전히 지역 골목상권을 이끌고 있다. 동네 주민을 넘어 멀리서도 많은 사람들이 일부러 연희동 골목길로 직접 찾아오게 만드는 명소로 자리매김했다.

지역 기반 비즈니스 모델을 고수하며 지역 사회의 구심점으로 자리 잡은 '사러가쇼핑센터'를 통해 우리는 왜 지역 사회가 '외식업'과 상생해야 하는지에 대해 명확하게 확인할 수 있다. 고유한 문화와 정체성을 가진 '지역'과 이를 발전시키는 '외식업'이 함께 어우러진다면, 큰 경쟁력을 가질 수 있다는 점을 우리 모두 기억해야 한다.

메가커피의 디저트로도 유명한 '감자빵'은 사실 '감자밭'이라는 춘천 로컬브랜드에서 출시한 시그니처 메뉴다. 외형은 실제 감자와 똑같이 생겼으며, 묘하게 방금 쪄낸 것 같은 감자의 맛을 그대로 구현해냈다. 감자밭은 30대의 젊은 농부 부부가 운영하는 춘천에 위치한 베이커리 카페로, 서울에서 디자인 전공을 하던 이미소 대표가 춘천으로 귀농·귀촌하며 탄생했다.

귀농 당시 이 대표 아버지의 감자 농장 창고에 1억 5000만 원 어치의 감자가 쌓여 있는 것을 보고, 이러한 감자를 어떻게 하면 꾸준히 계속해서 활용할 수 있을지를 고민했다. 감자의 지속가능성을 모색하다가 찾은 아이템이 바로 빵이다. 카페의 모든 메뉴는 강원도의 특산물을 적극적으로 활용한다. 대표의 아버지가 종자 개발에 참여하고 지역 농가에서 재배한 강원도 홍감자로 만든 '춘천감자빵' 이외에도 옥수수빵, 사과파이 등도 지역 농산물로 개발했다. 감자밭은 지역 농가와의 직거래를 통해 농가의 유통 부담을 줄이면서도 시세보다 높은 가격으로 감자를 구입해 제빵에 사용한다는 철학을 지키고 있다. 점점 늘어나는 인기로 생산 물량이 확대되자, 이제는 강원도뿐만 아니라 전국 감자 농가에서 감자를 수급한다. 이들의 감자 소비량은 2020년 150톤에서 급격히 늘어 2021년 1,500톤으로 10배 증가했다.

이처럼 농가 소득에도 큰 기여를 하고 있는 춘천 감자밭에는 감자빵을 먹기 위해 연간 60만 명(2022년 기준)이 방문한다. 지역을 넘어, 한국의 관광기념품으로서 대통령상까지 수상하며 유명세를 입증하기도 했다.

또 대기업 브랜드와 협업해 콜라보레이션 상품을 출시하며 팬덤도 키우고 있는데, 춘천에 가지 않고도 전국 프랜차이즈 매장에서 빵을 맛볼 수 있도록 메가커피와 협약을 맺어 '대동여지도 프로젝트'를 시작했다.

농한기에는 농업 종사자를 고용하는 방식으로 지역 내 일자리를 창출, 양질의 일자리 확대에도 기여하고 있다. 현재 감자밭 브랜드 구성원은 30여 명이며, 생산 라인에서 일하거나 팝업 스토어에서 일하는 인원까지 합치면 100여 명이 넘는다. 이처럼 일자리 창출로 지역 경제에 이바지하는 순환은 이들이 개업 4년 만에 이룬 것이다.

이처럼 감자밭은 지속적으로 지역 농가와 상생하여 지역 청년들에게 일자리를 제공하고자 노력하며 최근에는 농업회사법인 '밭BATT'으로 출범해 지역 로컬 농산물을 전문으로 취급하는 F&B 기업으로 성장해나가고 있다. 외식기업 '감자밭'을 통해 청년 창업가들과 지역 주민들의 삶의 터전이 연결되어 계속해서 새로운 스토리와 가치가 만들어지고 있는 것이다.

로컬에서 소비자와 가까워지는 접근 전략

도레도레는 자연에서 얻은 천연재료로 만든 무지개 케이크를 선보이며, 국내 디저트 마니아들의 열렬한 지지를 얻고 있다. 대형 프랜차이즈 베이커리의 천편일률적인 케이크에 식상해진 2030 세대들이 화려한 모양과 건강한 맛에 감성까지 더한 도레도레의 시그니처 케이크에 금세 매료된 것이다. 지금은 전국구 카페 반열에 오르게 된 도레도레의 첫 시작은 사실, 강화도 화도면이었다.

2021년엔 도레도레 1호점(강화점) 옆자리에, 사람과 문화가 어우러진 커피 브랜드 '셀로스터스Sel Roasters'를 론칭했다. 마니산의 수려한 전망과 함께, 스페셜티 커피와 디저트가 어우러진 페어링 세트 메뉴로 유명세를 타기 시작했다. 강화도 특산물인 쌀, 고구마, 밤, 인삼 등을 활용한 디저트로 누룽지무스·속노란고구마 피낭시에·인삼 까눌레·강화알밤 마들렌 등을 선보이며, 강화도의 지역성을 온전히 잘 담아내고 있는 도레도레는 로컬크리에이터를 지원하기 위해 화문석, 소창 등 강화 특산품을 판매하는 플리마켓을 진행하기도 했다.

도레도레는 단순히 음식을 판매하는 일반적인 카페가 아니다. 프랑스어로 '금빛'을 뜻하는 도레도레doredore는 '삶을 황금빛 여유로 물들이다'라는 슬로건을 바탕으로 고객들에게 다가가고 있다. 이름처럼 단순한 외식 브랜드라기보다는, 사람들의 삶을 더욱 풍요롭게 만드는 라이프스타일 브랜드라고 볼 수 있다. 특히 도시인들의 다양한 라이프스타일에 걸맞은 자연을 복합적으로 제공한다. 싱그러운 자연에서 휴식을 즐길 수 있는 도레빌리지, 동화 속 하얀 성을 떠올리게 하는 가로수길 매장, 작은 어촌마을에서 바다를 바라볼 수 있는 부산 청사포 매장 등 저마다 다른 이야기를 담은 특별한 공간이다. 외식업이 진정한 경쟁력을 가지면 사람들은 어디서든 찾아온다. 도레 역시 지역에 방문자 증대에 기여하며 지역 경제도 활성화 되었다. 앞으로도 도레도레는 우리의 삶에 녹아 있는 공간으로 기억되지 않을까?

한 가게가 아닌, 하나의 시장을 살림으로써 지역 전체를 회생시킨 사례도 있다. 바로 더본코리아의 '예산시장 프로젝트'다. 충청남도 예산군을 고향으로 둔 더본코리아 백종원 대표는 오래전부터 인구 감소로 인한 지방 소멸 문제에 꾸준한 관심을 가져왔다. 이에 더본코리아는 예산군과 상호 협약을 체결해 30억 원 가량의 예산을 투입함으로써, 예산 상설시장을 시작으로 '예산형

구도심 지역 상생 프로젝트'를 추진했다.

먼저, 구식화되어 썰렁하기만 했던 예산시장을 조선시대 장터 모습을 콘셉트로 리모델링하여, 레트로적 정서와 현대적 감성이 공존하는 광장으로 재단장했다. '전체 분위기는 근현대, 디테일은 초현대'라는 슬로건을 내세운 이들의 도전은 여기서 끝이 아니었다. 외식업이 번창하려면, 경쟁력 있는 식당이 많아야 한다.

그래서 더본외식산업개발원 교육생 가운데 대상자를 선발해 시장 점포의 창업을 도왔다. 이들에게 지속적인 1 대 1 매칭 메뉴 교육과 경영컨설팅을 지원해주며, 지역 농·특산물을 활용한 레시피 연구로 예산의 맛을 알릴 수 있는 파기름 국수, 꽈리고추 닭볶음탕 등과 같은 메뉴를 개발해냈다. 단순한 상거래 공간이 아닌 예산 상설시장을 '승부 근성을 가진 점주들을 양성하는 공간'으로 만든 것이다. 이는 지역의 관광 경쟁력을 더욱 끌어올릴 수 있는 하나의 방안으로 작용하며, 외부 사람들을 끌어 모아 지역 경제의 활성화에 뜨거운 반향을 불러일으켰다.

리모델링 이후 인구 8만 명이 채 안 되는 예산군을 찾아오는 관광객은 2023년 1분기에 100만 명을 넘어섰고, 4월 한 달 동안만 23만 명이 다녀갔다. '2023년 말 기준 주민등록 인구통계'에 따르면 2023년 예산군 인구는 7만 8,354명으로 2022년보다 969명 늘었다고 한다(행정안전부, 2023년 5월). 시장을 찾아오는 이들의 상당수가 '출렁다리' 등 예산군 주요 관광지를 함께 누비게 되면서 인근 지역들도 덩달아 낙수효과를 누리게 되었다.

백종원 대표는 자신들의 돈으로 먼저 투자해놓을 테니, 지자체는 한번 보고 괜찮다 싶으면 들어오라는 식으로 프로젝트를 운영했다. 이러한 외식업 투자 방식이 결과적으로 지역 회생에 도움을 주는 성과로 이어졌다. 이번 예산군의 사례는 지방 소멸 위기를 극복할 획기적인 시도로 평가받는다. 그래서 줄어드는 인구와 위축되는 지역 경제로 고민하는 다른 지자체들에게는 마치 가뭄에 단비 같은 소식으로 다가왔을 것이다.

외식업에 대한 활발한 투자가 긍정적으로 이어져 인구소멸지역을 벗어나 성장하고 발전할 수 있도록 만드는, 지역의 큐레이션 역할을 톡톡히 해낼 수 있기를 기대해본다.

외식업의 잠재력에 주목하기

사람이 모이지 않는 곳은 그 존재 가치를 잃어갈 수밖에 없다. 인구 소멸을 걱정하는 지역부터 낙후되고 슬럼화되는 지역까지, 미래를 준비하는 많은 지역이 저마다의 문제로 골머리를 앓고 있다. 이에 우리는 투자를 통한 성공적인 지역관광 활성화를 위해 외식업이 지니고 있는 잠재력에 주목해야 한다.

위에서 함께 살펴본 외식업 사례를 통해, 골목상권의 부흥이 정체된 지역에 '외식업'이 어떤 활력을 불어넣어줄 수 있는지 확인했다. 이처럼 사람들을 지역이란 공간에 머물게 만드는 힘은 음식이 아니라, 그곳에서 향유할 수 있는 '외식업' 자체에 있다.

좋은 식당 하나가 주변에 영향을 미쳐가는 모습을 살펴보았다. 의미 있는 콘셉트를 지닌 가게가 골목상권에 들어서고, 그 주변에 비슷한 업종의 가게가 모이거나 그 가게 하나를 기점으로 하여 동네 자체가 브랜드가 되는 사례를 우리는 어렵지 않게 떠올릴 수 있다. 그럼으로써 그 지역 자체가 회생되거나 새로운 브랜드로 탄생되기도 한다. 이러한 로컬 기반의 비즈니스가 지역 자체를 마케팅하여 확장시키는 효과가 발생하고 있다. 그러니 지방 소멸을 해결하기 위해서는, 외식 브랜드가 지닌 잠재력에 모두가 주목할 필요가 있다.

'K-푸드'에 불을 붙이다

한식의 세계화는 로컬 식당부터 기업까지 너나 할 것 없이 뛰어들고 있는 영역이다. 과거 한식은 건강함과 맛, 정갈함 등 요리 그 자체의 장점을 살리는 세계화 방안을 추구했다면, 지금은 불닭볶음면과 같은 '식품'의 영역으로 전략을 확장하고 있다. 그렇게 한식은 'K-푸드'라는 고유 명사로 자리매김하고, 이러한 K-푸드의 위상은 해가 다르게 치솟고 있다.

2024년 상반기, 한국의 K-푸드 수출액은 47억 7000만 달러(농림축산식품부)로, 전년 동기 대비 6.7% 증가하는 등 지속적인 성장 추세를 보여주고 있다.

전 세계 최대 유통 업체 월마트의 식품 코너 한가운데엔, 오늘날 K-푸드의 열풍을 입증하듯 농심의 신라면이 진열돼 있다.

유튜브와 틱톡에 불닭볶음면과 같은 K-푸드 먹방 콘텐츠를 올리면, 순식간에 수백만 조회수가 쌓인다.

K-콘텐츠의 열풍을 타고 글로벌 저변을 확대한 K-푸드 산업은 이제 해외 판매 비중이 내수 시장 판매량을 넘볼 정도로 뜨겁게 달아오르고 있다. 이제 K-푸드의 인기는 단순히 K-콘텐츠의 파급효과가 아닌, 독립적 음식 문화의 주체로서 글로벌 시장에 자리를 잡았다.

국내는 좁다, 해외로 가자

K-푸드의 열풍이 강하게 부는 이 시점에 외식기업에게 해외 진출은 놓칠 수 없는 기회다.

공정거래위원회의 〈2023년 가맹사업 현황 통계 발표〉에 따르면, 국내 외식업 브랜드는 9,934개로 전년 대비 5.2% 증가했다. 이에 따라 해외에 진출한 외식업체의 수도 증가하고 있다. 한국농수산식품유통공사aT의 〈2023년 외식기업 해외 진출 실태조사〉에 따르면 해외 진출한 국내 외식기업은 125개, 외식 브랜드는 133개이며 3,685개의 외식 점포가 운영되고 있다. 해외 진출로 외연을 넓히고 있는 한국 외식 프랜차이즈는 그 규모가 점차 커지고 있기 때문에, 앞으로 해외 외식 시장에서 한국 외식의 진출은 더욱 가속도가 붙을 전망이다.

K-푸드의 글로벌 위상과 더불어 인기가 높아지고 정부의 관심과 지원이 확대됨에도 불구하고, 외식기업이 해외에 진출하면서 겪는 어려움은 분명하게 존재한다. 인력 운영에 어려움을 느끼고, 현지 전문가 부재로 곤란을 겪고, 진출 희망국가의 법적 규제 및 상표등록 등에 관해 제대로 된 정보를 파악하는 데 한계를 느낀다. 식재료를 수출할 때도 검역·통관과 보관·유통이라는 외식(식품) 분야 특유의 어려움을 겪고 있다. 그래서 외식기업은 해외에 진출할 때 감당해야 할 비용이 상대적으로 크게 다가온다. 그래서 해외로 진출하고 싶더라도 선뜻 나서지 못하고 있는 것이다.

우여곡절 끝에 해외 진출은 했지만, 선제적으로 충분한 지원이 뒷받침되지 못해 끝끝내는 후퇴하는 기업들도 많다. 이런 불완전함, 어떻게 해소할 수 있을까? 이미 해외시장에 성공적으로 안착한 사례에서 그 해답을 찾을 수 있다.

우리는 해외 진출의 핵심 경쟁력, 즉 성공요인을 크게 4가지로 구분했다. 첫째는 '현지화' 전략이다. 국내 기업은 보통 한국 소비자들을 대상으로 음식을 선보인다. 하지만 이제는 다양한 나라의 소비자를 타깃팅하여, 이들에게 쉽게 다가가기 위해서 필수적으로 현지화 과정을 거쳐야 한다. 그러나 아이러니하게도 '한국 고유의 정체성'을 유지하는 것 역시 성공 전략이 될 수 있다. 해외에서 어느 정도 브랜드가 정착한 이후에는 현지 소비자들도 한국 고유의 맛을 경험하고 싶어 한다. 나날이 높아지는 K-푸드의 인기 때문에 한국 외식 브랜드를 통해 온전한 K-푸드를 만나고자 하는 것은 당연한 순리다.

다음으로 중요한 것은 '해외 운영관리' 능력이다. 해외시장은 국내보다 훨씬 어렵고 그만큼 기업이 알게 되는 리스크가 크다. 그래서 이를 사전에 방지하기 위해 주재원 파견, 조인트벤처 등의 방식으로 현지 매장의 품질관리를 컨트롤할 인력을 꼭 갖춰야 한다. 본질적으로 더 큰 영역인 해외에서는 오랜 기간 꾸준히 머물며 브랜드를 유지해야 보다 안정적으로 정착할 수 있다. 진출 초기에 부담해야 하는 시장조사, 인프라구축, 테스트 베드 운영 등 수많은 관문이 도사리고 있는 외국에서 끈기 있게 버티려면 그만큼 충분한 '자본력'이 필요하다.

유형	외식기업	해외진출의 핵심 경쟁력(성공요인)			
		현지화	한국 고유의 정체성	해외 운영관리	자본력
직접 진출	고피자	○		○	○
	파리바게뜨	○		○	○
	서래갈매기	○	○	○	
해외매장만 운영	팔색삼겹살	○	○	○	
해외에서 처음시작	북창동순두부	○	○	○	○

- 현지화: 국내에 없지만, 해외 현지 공략을 위해 메뉴를 새로 개발한 경우
- 한국 고유의 정체성: K-푸드의 정체성을 잘 살린 경우
- 해외 운영관리: 국내외에 해외전담팀이 있는 경우
- 자본력: 매출이 100억 원 이상(본사 기준) 되거나 투자를 받은 이력이 있는 경우

[자료 39] **국내 외식기업의 해외 진출 핵심 경쟁력**

이러한 4가지 핵심 요인을 잘 갖추어 해외에 성공적으로 진출한 외식기업들이 있다.

최근 한 국내 외식 스타트업이 1000만 달러 규모의 해외 대기업 투자 유치를 이루어냈다. 매우 이례적인 이 사례는 푸드테크 기반 1인용 화덕피자로 국내외 시장의 주목을 받고 있는 '고피자'다. 고피자는 2022년 GS벤처스, CJ인베스트먼트 등의 대기업으로부터 총 250억 원의 시리즈 C 투자를 유치한 것에 이어, 태국 재계 1위의 재벌 기업 CP그룹의 투자까지 성사시키며 누적 투자액 약 600억 원을 돌파했다.

고피자는 태국을 포함해 싱가포르, 인도, 인도네시아 등 7개국에 진출하여 450여 개의 매장을 열었다. 특히나 한국 외식 기업에게 다소 낯선 국가인 인도에 성공적으로 진출했다는 점은 크게 주목할 만하다. 이들은 2019년 5월, 인도 벵갈루루에 있는 클라우드 키친 '키친스앳'에 첫 매장을 개점하였다. 공유주방과 유사하게 배달만 전문으로 하는 식당인 클라우드 키친을 통해, 초기 진출 비용을 절감했다. 또한 현지인의 선호 메뉴인 '라면'을 추가하거나 채식주의자를 위한 '베지피자'를 출시하고, 불닭 볼케이노 피자, 서울 스노우 피자, 강남 불고기 피자 등 한국의 다양하고 풍부한 맛을 현지화한 피자를 선보였다. 이처럼 적극적인 현지화 전략을 펼친 고피자는 성공적으로 인도 시장에 안착하며, 진출 5년 만에 인도 50호점이자 글로벌 200호점인 '코라망갈라점'을 지난 2월에 오픈했다.

고피자는 전체 매장 4개 중 1개가 해외 매장일 정도로, 해외 진출에 공을 들이고 있다. 이들이 이토록 가파른 성장세를 보여줄 수 있던 것은 소규모 브랜드이지만 초기부터 과감한 '투자'를 받아왔기 때문이다. 글로벌 시장 내 K-푸드의 인기 상승과 더불어 국내외 대기업과 성공적인 파트너십을 맺어 폭발적인 성장을 이루어낼 수 있었다. 고피자는 외식기업의 방정식을 '투자'로 새롭게 풀어나가고 있다. 이는 앞으로 외식 투자계의 선순환 사례로 회자되며 더 다양한 외식기업의 투자 활성화에 이바지할 것이다.

진입장벽이 높은 중국 시장에서 굳건히 살아남은 베이커리 프랜차이즈가 있다. 국내 베이커리 업계 선두주자 '파리바게뜨'다. 2004년 파리바게뜨는 베이커리 업계 최초로 중국에 진출해 상하이 구베이에 1호점을 개점하며, 이후 2008년 중국 최고급 유명 제과점으로 선정되기도 했다. 현재 상하이, 베이징, 톈진 등 중국 주요 도시에서 총 334개 매장을 운영하고 있다. 처음 중국에 진출했을 때만 해도 한국인을 비롯한 외국인 손님 비중이 80%가 넘었지만, 오늘날 매장을 찾는 손님 대부분은 중국 현지인으로 알려졌다.

이들이 중국 베이커리 시장에서 핵심 플레이어로 활약할 수 있었던 이유는 자신들의 자본력을 활용해 흔한 마스터프랜차이즈MF 방식이 아닌, 직접 투자 방식을 택했기 때문이다. 자본력 덕분에 오랜 기간 철저한 현지 시장조사가 가능했고, 철저한 조사는 곧 실패 비용을 줄이는 데 도움이 됐다. 이로 인해 단단한 내부화를 구축해 중국 시장에서도 살아남게 되었다.

또한 매장 관리자로 중국 현지인을 고용함으로써, 적극적인 피드백을 기반으로 성공적인 현지화를 위해 애썼다. 그리고 중국 현지 대학에 직원 연수를 보내 중국 빵 문화를 느껴볼 수 있도록 하고, 사람들의 취향 파악을 하는 등 철저한 연구를 진행하며, 자신들의 메뉴가 안정적으로 현지화될 수 있도록 노력했다. 대다수의 중국인이 선호하는 육류와 잼을 적극적으로 활용한 '육송빵'을 개발하고, 중국인이 즐겨먹는 말린 고기 가루인 '루오쑹'을 올린 짭짤한 빵을 판매해 대중성을 공략했다. 딱딱한 빵보다 부드러운 빵을 더 선호하는 현지인들의 니즈에 맞춰 메뉴를 구성하기도 했다.

지난 2015년, 중국 베이징에는 현지 소비자에게 보다 질 높은 메뉴와 서비스를 제공하기 위해 중국 R&D 센터와 아카데미를 설립했다. 그리고 2018년, 중국 톈진天津市에 400억 원을 들여 390여 개 품목을 생산할 수 있는 공장을 세웠다. 파리바게뜨는 톈진 공장에 아낌없이 투자하며, 중국시장 내 공격적으로 점포 확대를 이루어냈다. 더욱이 중국에서 '베이커리'는 간식이자 식사 대용으로 인식되고 있다. 건강한 성분과 맛을 제시할 수 있는 K-베이커리가 한국 외식기업의 진출 경쟁력으로 작용했다. 이를 간파한 파리바게뜨가 적극적인 R&D 투자 전략으로 확실한 성과를 나타낼 수 있었다.

이처럼 파리바게뜨는 오랫동안 차근차근 해외시장 개척에 집중하며 직접 법인을 설립해 아낌없이 투자했고, 현지에 직원을 파견하며 해당 국가에 대한 사전조사를 철저히 했다. 그리고 무엇보다 중국 현지인들의 입맛을 반영한 제품을 출시해 차별화된 현지화 전략을 펼쳤다. 덕분에 파리바게뜨는 현재 중국 진출에 성공한 유일한 한국 외식기업으로 손꼽힌다. 어려운 시장에서 성공을 일궈낸 파리바게뜨가 앞으로 써내려 갈 성장세가 더욱 기대된다.

국내에서 해외로 인기역전한 기업

현지에 널리 알려지지 않은 한식 메뉴로 해외 소비자의 입맛을 사로잡은 곳이 있다. 2007년 서울 회기역 인근에서 작은 가게로 시작한, 돼지 특수부위 전문 브랜드 '서래갈매기'다. 첫 개점 후, 2년 만에 프랜차이즈로 전환해 200여개의 가맹점으로 확장해 나가며 성공하자, 서래갈매기와 비슷한 콘셉트의 고깃집이 우후죽순 생겨나기도 했다.

서래갈매기는 국내 가맹점이 300개에 도달하자 일찍이 상권 포화 상태라 판단하여, 이를 타개하고자 2013년 직접 투자로 법인을 설립해 중국 상해에 첫 해외진출의 발을 내딛었다. 중국 한인타운 홍첸루에서 16개 테이블 규모의 매장을 선보이며, '한국 오리지널 바비큐'라는 이름으로 마케팅을 전개했는데, 당시 중국 사업은 13개 성·시 지역에 영역을 확보하는 등 한국 사업의 24배에 달하는 성과를 이루어냈다. 드라마 '태양의 후예' PPL 효과도 인기에 한몫했다. 지금은 중국 내 매장이 53개로 늘었고, 중국을 비롯해 싱가포르, 일본, 호주, 캐나다, 마카오, 홍콩, 인도네시아 등 전 세계 곳곳에서 가맹점을 오픈하며 해외 진출에 박차를 가하고 있다.

이처럼 서래갈매기가 국내보다 해외에서 더 잘나가는 외식 브랜드가 될 수 있었던 배경은 무엇일까? 서래갈매기는 프랜차이즈 본부의 해외 직접 투자로 해외 법인과 직영점을 운영하고 있다. 본부의 투자 의지가 해외 파트너에게 신뢰 요소로 작용한 것이다. 이와 같은 투자를 기반으로 현지 전문가를 채용해 각 나라의 문화에 맞춰 마케팅했다. 또 한류스타의 PPL 마케팅과 더불어, 현지 SNS 플랫폼 마케팅도 적극적으로 진행하고 있다. 서래갈매기는 약 8년간 본부에서 직접 투자로 쌓아온 해외 사업 노하우를 통해, K-바베큐의 대표 자리를 굳건히 유지해나갔다.

더 나아가 서래갈매기는 한국농수산식품유통공사aT의 해외 진출 지원으로 성공한 첫 번째 외식기업이기도 하다. aT가 지원하는 싱가포르 프랜차이즈 박람회에 참가한 후, 서래갈매기는 인도네시아 진출에 성공했다. 이를 시작으로 국내(15개 매장)보다 해외에서 더 잘나가는 외식 브랜드로 발돋움할 수 있었다. 이외에도 본촌치킨, 피자마루, 걸작떡볶이 등 다양한 국내 외식기업이 aT같은 기관의 투자를 발판 삼아 해외로 비상해 나아갈 수 있었다.

'한국의 맛을 세계로'라는 슬로건을 내걸고 LA 한인타운에서 첫 시작의 문을 연 브랜드가 있다. 순두부찌개로 현지인의 입맛을 사로잡고 있는 북창동순두부다. 특이하게도 미국을 시작으로 한국, 일본, 대만 등에 매장을 내며 한식 유행에 앞장서고 있는 한국 외식기업이다. 이곳은 한국 외식업계에서 가장 처음으로 대만에 진출한 프랜차이즈이기도 하다. 북창동순두부는 대만 증시에 상장까지 한 토후 레스터런트 그룹Tofu Restaurant Group과의 협업으로, 현재 대만에서만 23개의 매장을 운영하고 있다. 현재 총 62개 매장을 운영 중이며, 2022년에는 대만 내 한식 사업 중 최대 매출인 650억 원을 기록했다.

북창동순두부가 성공적으로 진출할 수 있었던 결정적인 강점은 바로 '정통성'이다. 한식당은 이제 전 세계 어디에서나 찾아볼 수 있지만, 사실 많은 점포에는 정통성이 결여돼 있다. 북창동순두부는 다양한 전통음식의 문화가 다채롭게 보존된 지역인 '북창동'을 기반으로, 이곳에서 대표적인 서민 음식으로 인기가 많았던 '순두부'라는 전통 음식을 선보이고 있다. 한국의 정통성을 온전히 살리고 있는 북창동순두부는 K-푸드에 관심을 가지는 해외 고객들에게 매력적인 브랜드로 자리 잡은 지 오래다.

또한 한국의 매장과 관리 및 식사 방식을 동일하게 유지하기 위해 모든 식재료는 한국 본사에서 조달하는 일관된 시스템을 마련했다. 한국 정통의 맛을 먼 해외까지 잘 보존하여 전달하기 위해 노력한 북창동순두부이기에, 해외 바이어들의 진출 문의는 더욱 쇄도할 수밖에 없었다.

한국 고유의 음식으로 전 세계로 뻗어 나가는 또 다른 기업이 있다. 부담 없이 즐기는 삼겹살에 맛과 가격, 그리고 개성을 더한 삼겹살 전문 브랜드 '팔색삼겹살'이다. 도전적인 정신을 바탕으로 외식 문화를 선도하는 한국 외식기업 '8푸드'의 첫 브랜드다. 수 년간의 연구와 개발을 통해 탄생하게 된 팔색삼겹살은 건강에 좋은 8가지 특제 소스를 고기와 함께 숙성시켜 미각적인 만족감뿐만 아니라, 시각적인 재미까지 제공해 국내에서도 인기를 끌었다.

팔색삼겹살은 2011년 미국 LA를 시작으로 현재까지 약 10개국(대만, 미국, 태국, 필리핀, 오스트레일리아 등)에 진출하였다. 지금은 한국에서 매장을 운영하지 않고, 해외 사업을 중점적으로 영위하고 있다. 해외 소비자들의 마음을 사로잡을 수 있었던 이유는 이미 해외에서 경쟁이 치열한 한식 바베큐시장에서 남다른 차별성을 확보했기 때문이다. 이들은 국가별로 형태를 달리하여 매장을 다양하게 진출시킴으로써 현지에 최적화된 침투 전략을 수립했다. 기존 팔색삼겹살뿐만 아니라, 1인 식사가 가능한 형태의 매장인 '팔색mini(삼겹도시락 브랜드)' 브랜드를 새롭게 출범시키며 매장의 소형화를 시도해, 낮은 초기 투자비용으로 빠른 점포 확장을 이끌어냈다. 실제로 대만에는 몰 입점에 최적화된 간편식 테이크아웃 매장을 냈고, 말레이시아에서는 정반대로 다이닝 형태의 대형 매장을 내기도 했다.

팔색삼겹살은 현지화 측면에서 8가지 소스 역시 그 나라 현지인의 입맛에 맞춰 별도로 개발하여 반영했고, 해산물이나 소고기 등을 추가해 메뉴의 다양성을 확보했다. 15년 이상의 해외 비즈니스 운영 경험으로 여러 성공사례를 보유하고 있기에, 안정적으로 해외매장을 운영관리할 수 있다는 것도 특징인데, 매장업무에 숙달된 직원을 주변 국가로 파견 보내는 등 해외 인력 수급에 힘쓰고 있다. 더불어 해외 비즈니스의 핵심인 현지 파트너도 잘 발굴해 활용하고 있다.

이러한 전략들이 바로 한국에서 매장이 없는데도 불구하고 해외에서 팔색삼겹살이란 브랜드가 잘 유지되며 성공할 수 있었던 이유다. 차별화된 경쟁력을 토대로 팔색삼겹살은 전 세계 7개국 이상에 진출한 한국의 유일무이한 글로벌 고기브랜드로 자리매김하였다.

음식이 하나의 문화 현상으로 자리매김하고 K-컬처가 확대되면서 한국의 위상이 넓혀진 지금, K-푸드의 세계화는 단기적인 트렌드가 아닌 지속가능한 모멘텀을 구축하는 것이 더욱 중요해졌다.

해외 시장에 과감히 도전해도 되는 이유

K-푸드의 지속가능한 발전이 실현되기 위해서는 어떤 방향으로

나아가야 할까? 다행히 '투자'가 그 해결책이 될 수 있다.

위에서 함께 살펴본 사례처럼, 외식기업 투자는 K-푸드의 해외 진출이 더욱 안정적으로 뻗어 나갈 수 있다는 가능성을 보여준다. 높은 비용 부담 등 여러 애로사항으로 불완전한 진출을 반복하는 외식업의 실태를 막을 수 있는 것이다.

K-푸드가 전 세계적으로 명성을 얻는 지금, 글로벌 인지도와 투자를 활용해 해외 시장에 진출할 최적의 시기다. 해외 진출은 브랜드 가치를 향상시키고 국제 시장에서의 경쟁력을 강화할 수 있다. 또한 국내 시장에만 의존했을 때 발생할 수 있는 위험성을 분산시킬 수도 있다.

물론 결코 쉽지 않은 길이다. 하지만 우리의 맛과 문화는 글로벌 시장에서 이미 경쟁력을 갖췄음을 증명했다. 그러므로 이제는 더 많은 외식기업이 투자를 통해 더욱 안정적으로 해외 시장에 과감히 도전장을 내밀 때이다. 한국 외식기업이 세계 각국에서 사랑받는 글로벌 브랜드로 자리매김할 수 있도록 용기와 투자를 아끼지 말아야 할 때이다.

모든 외식업이 이 기회를 잡고, 세계 무대에서 한국의 위상을 높일 수 있기를 진심으로 기대한다.

외식업 전문 매니지먼트사의 등장

외식업은 앞서 언급했듯이 성장보다는 안정을 추구하는 경향이 있는 반면 스타트업은 안정보다 성장을 더 중요시하는 경향이 있다.

AC는 스타트업에 투자를 하면 해당 스타트업이 성장할 때까지 기다리는 역할을 한다. 하지만 외식업을 투자하는 AC에게는 다소 다른 역할이 요구된다. 이는 피투자기업의 역량 차이에서 기인되는데 투자를 한 이후 브랜드가 성장할 수 있도록 브랜딩을 돕거나, 내부 교육 프로세스를 보조하는 등 적극적인 보육 기능이 필요하다는 점에서 이것을 매니지먼트라고 표현하고 싶다.

외식기업이 냉철하고 현명한 파트너를 만나 체계적인 관리를 받았을 때, 어떤 변화를 이룰 수 있을지 알아보자.

기업 가치는 단박에 만들어지지 않는다

우리는 외식업 브랜드를 만들고 그것을 성장시키는 일련의 과정이 아이돌 매니지먼트 과정과 비슷하다고 생각한다. 한 그룹이 탄생하고, 좋은 음악을 발표하며 대중의 인지도를 쌓아 성장하고, 팬들과 함께 오랜 기간 살아남는 데 가장 중요한 건 그들을 관리하는 매니지먼트사의 역할이다. 아무리 뛰어난 역량을 지닌 그룹이 데뷔를 해도 음악성을 살리지 못하는 프로듀서를 만나거나 전혀 맞지 않는 콘셉트를 입게 되면 매력을 어필하기가 어려워진다. 외식업도 마찬가지다. 맛있는 메뉴를 개발해 고객을 모으는 건 시작일 뿐, 오랜 기간 명성을 유지하는 브랜드로 살아남으려면 전문적인 기획과 프로세스를 갖추어야 하며, 옆에서 성장을 관리해줄 누군가가 필요하다.

대표적인 매니지먼트사인 JYP에서는 기업 운영에 있어 특별한 전략을 사용하고 있다. 덕분에 4대 엔터 기업중 가장 매출이 적지만 기업가치가 가장 높은 것으로 평가되며 주가도 계속적으로 우상향을 보여주고 있다. 그 전략이란 무엇일까?

JYP는 멀티레이블 전략을 펼치는 원조격 기업이다. 대표자가 모든 것을 판단하는 것이 아니라 사업을 독립적인 형태로 분업하여 역량을 집중시키는 건데, 하나의 브랜드인 아이돌 그룹을 위해 특정 전담팀을 꾸려 공통된 회사의 자원을 활용하면서도 각기 다른 여러 가지 성공 방식으로 구현할 수 있다는 장점이 있다.

이를 통해 그룹마다 전문성이 높아지고 높은 수준의 예술을 창작할 수 있어 상품의 완성도와 고객 만족도가 높아진다.

이 멀티레이블 전략은 하나의 그룹만을 크게 성공시키겠다는 전략이 아닌 성공기댓값의 평균을 높이는 개념이다. 만약 기업가치 100조 원의 기업으로 성공할 확률이 10%이고 1조 원의 기업으로 실패할 확률이 90%라면 기대되는 기업가치는 10.9조 원이다. 반면 50조 원의 기업으로 성공할 확률이 40%이고 5조 원의 기업으로 실패할 확률이 60%면 기대되는 기업가치는 23조 원이다. 다시 말하면, 하나의 브랜드를 잘 꾸려 대성공을 노렸던 과거와는 다르게 전체 기댓값의 평균을 높여 위험도를 낮추는 투자가 멀티레이블의 성장 방식이며, 이것이 더 큰 이익을 가져다줄 수 있다는 말이다.

현재 외식산업은 하나의 본사에서 기능별로 팀을 나눈 후, 각 팀이 전체 브랜드를 함께 담당하는 전통적인 조직도를 보유하고 있다. 한 본사에서 10개의 브랜드를 런칭했다고 가정해보자. 지금의 프랜차이즈 인력 구조는 통합된 형태로 되어 있어, 1개의 브랜드가 성공하고 9개가 잘 되지 않으면 기업가치가 하락할 가능성이 크다. 대표자의 인지도와 영향력에 크게 영향을 받는 기업일 경우 그 리스크는 더 커진다. 그러나 만약 이 구조를 레이블 형태로 변경한다면 본사는 동일하지만 각 브랜드를 담당하는 전문팀이 생기고, 결국 해당 브랜드가 실패할 위험성을 줄이며 지속가능성을 높일 수 있다. 자수성가한 오너십 중심의 리더십과 조직 구조를 갖춘 외식산업의 태생적 한계는 분명하지만, 연예산업과 유사한 측면이 있다. 그래서 우리는 외식업에서도 연예계처럼 매니지먼트사의 역할이 중요하다고 생각한다.

JYP 엔터테인먼트는 레이블이라는 좋은 시스템을 갖춰 전문성을 기름과 동시에, 연습생들의 인성 관리를 통해 철저한 브랜드 관리를 한다. 외식업 역시 이런 레이블과 관리 체계를 도입한다면 각 브랜드의 전문성을 높일 수 있다. 브랜드 관리가 그 어느 산업보다 중요한 외식업에서 매니지먼트가 필요하다고 이야기하는 건 바로 이런 측면에서다.

한경기획, 가치를 재발견하다

청년다방, 은화수식당 등의 프랜차이즈를 운영하는 '한경기획'은 자사 브랜드만 운영하고 있지 않다. 컨설팅과 컴퍼니빌딩, 해외 진출 지원은 물론 인수 합병을 넘어 직접적인 투자도 한다. 세부 업종에 관계없이 외식업이라면 조리가 가능한 설비를 구축하여 공유주방 창업을 돕기도 하고, 로드숍 매장의 경우 한경기획의 인프라를 통해 창업 대출 자금을 지원하기도 한다. 뿐만 아니라 외식 전문인력으로 구성된 매장 운영팀을 구성해 창업자를 다방면으로 서포트하는 역할을 수행한다.

[자료 40] 한경기획

지역에서 실패한 상점을 인수해 최적화된 아이템으로 다시 수정하여 해당 매장을 재건하기 위한 사업들을 수행하고 있는 것도 특징이다. 이는 상점을 다시 재활성화하여 부동산 가치를 상승시키는 데에도 도움을 주고 있다. 앵커 스토어 하나를 잘 만들어두고 근방의 상권도 함께 살아나기를 기대하면서 상생을 위한 프로젝트를 수행하고 있는 중이다. 예로, '제주곤이칼국수'의 경우 폐점된 상점의 인테리어와 주방용품을 그대로 가져와 최대한 활용해서 초기 창업비용을 최소화한 상태로 오픈한 브랜드로, 이제는 전국에 수많은 지점을 내며 확장되고 있다.

푸드테크와 같은 디지털 전환 기술을 다방면으로 활용하는 것도 한경기획의 강점으로, 디지털 R&D 기술을 활용해 새로이 외식 문화에 적용시키기도 한다. '룸의정석'이나 '논다노래타운'이라는 브랜드의 경우 태블릿을 활용한 음식주문은 물론, 이를 통해 음악 및 게임 등의 엔터테인먼트 콘텐츠를 체험할 수 있다. 단순히 주점에서 음주 문화를 즐기는 것을 넘어 또 다른 놀이 문화로서 외식업을 변형시키고 있는데, 이는 매우 새로운 방향이라고 할 수 있다.

이처럼 한경기획은 자신들의 브랜드를 확장하는 데에 그치지 않고, 액셀러레이팅과 인큐베이팅 혹은 창업 교육 등을 활발히 전개한다. 이를 통해 성공적인 브랜드 운영 노하우를 전파하는 데에도 많은 노력을 기울이고 있다. 특히 이들이 가진 독보적 디지털 기술력과 다양한 비즈니스 모델 전략을 바탕으로 어떻게 가맹점주와 함께 성장할 수 있을지 끊임없이 연구하는 점은 여러 액셀러레이터사들이 본받을 만한 점이다. 또한 자사 외식사업의 성공을 토대로 기업자산을 활용하여 적극적으로 외식 창업자들의 투자를 독려하고 그들이 전문 외식 창업자가 되도록 육성한다. 스타트업 투자를 적극적으로 하는 타 분야 대기업이 오픈 이노베이션 프로그램을 통해 사회에 기여하는 방식과도 일정 부분 유사하다고 평가할 수 있다.

가능성을 포착하고, 브랜드를 가꾸고 키우는 SPBT

액셀러레이팅 시장의 떠오르는 기업 SPBT SimPle Brand Tainment는 성장 가능성이 높은 외식업 브랜드를 발굴하고, 프랜차이즈 브랜드로서의 방향을 정립 및 인큐베이팅해 빠른 성장을 도모하는 회사다. SPBT 역시 우리와 생각을 함께 공유하는 기업으로 마치 끼 있는 청소년을 발굴 및 교육해 아이돌로 만드는 연예기획사처럼 잠재력 있는 식당을 발굴, 교육하여 유망한 외식업 브랜드로 성장시키는 외식업계 엔터사가 되고자 하는 것이 목표다.

[자료 41] SPBT

SPBT는 2013년, 봉천동 골목길에서 '백채김치찌개'라는 김치찌개 전문점에서 시작됐다. 지금은 제2브랜드인 '서울떡갈비' 등을 포함해 도합 250개의 점포를 운영 중이다. 처음 백채김치찌개 가맹사업을 위해 '심플맨'을 설립한 이후, 필수 식자재 자체 생산을 위한 '심플F&B'를 마련했으며, 월 매출 2000만 원이 안 되던 작은 매장은 이제 연매출 100억 원대 기업으로 성장했다. 그렇게 자신들이 성장한 이후, 이제는 다른 사람들의 성장을 돕기 위해 액셀러레이팅 사업에 나선 것이다.

이들은 브랜드의 성장 가능성을 확인할 뿐만 아니라 실질적인 투자 성과를 내고 있는 기업이다. 10년째 탄탄하게 프랜차이즈를 운영 중인 노하우가 있고, 5년 간 육가공 및 김치, 소스류 등의 제조 공장을 직접 운영하면서 프랜차이즈 운영과 제조를 아우르는 넓은 시각을 갖추게 되었다. 국내 주요 5개 백화점, 소스·냉동식품 등 각종 제조사, 마케팅·상권분석·세무·노무 등의 분야별 협력 네트워크를 50개사 이상 구축하고 있다. 앞서 소개한 한경기획과 더불어 성공경험과 노하우를 토대로 초기 기업의 성장을 도모할 수 있는 자원을 갖추고 있다는 것이 큰 장점이다.

지금까지 액셀러레이팅을 진행 중인 브랜드는 '우이락', '시올돈', '청년한우', 'YOSYOKU' 등 총 13개 기업으로, 전용 제품 개발이나 홈페이지 개발, 매뉴얼 보완 등 업체를 보다 전문화시키는 데 주력하고 있다.

국내 최초 외식업 전문 액셀러레이터 기업, 알파랩

알파랩은 초창기부터 정식인가를 통해 외식 액셀러레이터로 만들어진 회사다. 국내 최초의 외식업 전문 액셀러레이터라는 것을 자부할 정도로 처음부터 외식업만을 위한 액셀러레이팅 기업으로 시작했다.

[자료 42] 알파랩

실제로 알파랩만의 보육 프로세스를 확립하기 위해 교육과 컨설팅 분야에서 다양한 시도를 해왔으며, 투자를 통해 '매직악셀'이라고 하는 약 10여 개의 관계사 기업 클러스터 연대를 만들었다. 그리고 이들은 전문성을 가진 각 분야에서 외식기업들의 성장을 지원한다.

식품의 제조와 개발을 담당하는 전문 기업, 음식 메뉴사진을 촬영하고 메뉴판을 제작하는 등의 푸드콘텐츠 업체, 실제적인 식자재 유통전략을 수립할 수 있게 보탬이 되는 유통기획사, 전국적으로 가맹점을 확장하는 데 서포트 할 수 있는 가맹 영업 대행사, 브랜딩과 마케팅 노하우를 전수해줄 수 있는 홍보 전문 업체 등 연예기획사 내 전문 스태프 조직이 존재하듯, 이들과 함께 보육에서만큼은 월등한 체계적 시스템을 구축해나가고 있다. 한경기획이나 SPBT처럼 자사 브랜드의 성공사례는 없지만, 그것을 도울 매니지먼트적 기능은 모두 갖춘 곳이다.

알파랩은 외식산업에서는 교육을 통해 자영업자들에게 기업가 마인드를 함양시켜 진짜 기업가로 성장시키는 것이 가장 빠른 성공의 지름길이라고 믿는 회사다. 그래서 보육의 여러 기능 중 교육에 조금 더 집중한다. 소상공인과 프랜차이즈 기업 대표자, 혹은 그외 업계 관계자까지 대상을 가리지 않고 다양한 교육과정을 운영하며 활발한 지식 공유가 이루어지길 기대한다.

이런 이념을 바탕으로 운영하는 알파랩의 대표 프로그램이 있다. 바로 액션러닝 캠프 형태로 진행되는 '인생장사학교'와 해외 버전인 '어메이징레이스'다.

인생장사학교

[자료 43] 인생장사학교

성공한 매장을 방문해 벤치마킹할 만한 점을 도출하고, 실제 아이디어화할 수 있도록 조별로 성과를 공유하는 시간을 가진다. 지금까지 인생장사학교 14회, 어메이징레이스 7회를 운영하며 쌓인 노하우로 500명 이상의 졸업생을 배출해냈다. 외식기업은 타 산업에 비해 상대적으로 네트워킹이 부족한 외식업계의 단점을 극복하기 위해 직접 만든 커뮤니티 '공유FC'를 기반으로 하여, 포럼·컨퍼런스·밋업 등 다양한 행사도 자주 진행하면서 서로의 노하우를 공유할 수 있는 시간을 많이 마련하고 있다.

특히 쉴 새 없이 등장하는 푸드테크 기술을 습득하고 전파할 수 있도록 '푸드테크 컨설턴트 양성과정'을 만들었다. 알파랩만의 특별한 교육 과정이다. 프랜차이즈 CEO들의 융합적인 사고를 길러 다방면으로 영감을 주고자 '프랜차이즈 융합CEO과정'도 꾸준히 운영 중으로, 매 시즌 새로운 주제로 각 분야의 전문가를 연사로 초청해 트렌디하고 현실적인 인사이트를 얻어갈 수 있도록 한다. 현재까지 역전할머니맥주, 피자 알볼로, 남다른감자탕, 바른치킨, 교대이층집 등 지금은 여기저기 이름을 알린 수

많은 기업의 초창기를 함께한 프로젝트이기도 하다.

잘나가는 기업에 꼭 필요한 매니지먼트사

외식업도 투자를 받아야 하는 시대라는 주장은 허무맹랑한 소리가 아니다. 뛰어난 소상공인을 발굴하고 제대로 키워주는 건 액셀러레이터들의 숙제이자 새로운 미션이고, 그 분야가 외식업으로까지 퍼졌다는 건 부정할 수 없는 사실이다. 이미 투자의 중요성이 드러났고 다양한 방식으로 투자 시장이 열려 있는 외식업. 이제는 더 전문화된 투자 프로세스를 만들어 성장 가능성 있는 이들에게 투자해야 한다. 능력 있고 잠재력 있는 외식기업은 더 크게 성장하기 위해 투자받아야 한다. 그리고 그걸 컨트롤해줄 매니지먼트 역할 역시 무엇보다 중요하다.

외식업은 아이돌 산업과 닮은 점이 많다. 입이 닳도록 이야기한 IP 산업적 측면에서도 그렇고, 미각뿐만 아니라 시작적으로나 공감각적으로 많은 것을 충족시켜야 하는 '종합예술'이라는 측면에서도 그렇다.

좋은 음악을 제작해야 하는 A&R 부서와 닮아 있는 외식업 R&D 파트도 있고, 뛰어난 잠재력을 지닌 연습생을 발굴하는 신인개발팀과 닮은 심사역도 필요하고, 각종 마케팅을 하며 팬덤, 즉 고객관리에 애써야 하는 이 모든 프로세스가 상당히 유사하다.

외식 브랜드를 키워주고자 하는 기업은 점점 많아지고 전문화되고 있다. 한경기획과 SPBT, 그리고 알파랩은 마치 3대 기획사처럼, 외식업계 3대 액셀러레이터로 자리 잡기 위해 부단히 노력하고 있다. 잘 나가는 아이돌 그룹은 스스로 만들어지지 않는다. 엄청난 트레이닝과 전담 관리를 받기에 그만큼 좋은 퀄리티의 그룹이 탄생한다. 마찬가지로, 잘 나가는 외식 브랜드를 탄생시키기 위해서는 외식전문 매니지먼트사도 꼭 필요하다.

사업을 확장시키는 노하우를 지닌 전문 매니지먼트사와 함께 자영업을 넘어 기업가가 되는 외식업 투자로 부의 균형점을 찾아가보자.

당신도 가질 수 있는 다이아몬드

대한민국은 자영업의 나라다. 과거에 큰 회사를 다녔든, 좋은 학교를 다녔든 너 나 할 것 없이 창업을 한다. 마치 망망대해 앞에 놓인 모래알들처럼 수많은 사람들이 파도에 쓸려나갈 준비를 하며 끝없이 펼쳐져 있는 광경 같다. 매번 힘들다 외치면서도 장사를 계속 하고, 특정 아이템이 갑자기 뜨고 사라지는 것을 보면서도 프랜차이즈 창업이 식을 줄 모르는 것은, 얼핏 보면 모래알 같지만 반짝반짝 빛나는 이 '성공이라는 다이아몬드'를 누구나 갈망하기 때문일 것이다.

외식 프랜차이즈 분야에서 오랜 시간 교육과 컨설팅을 하며 우리가 만나온 사람들은 주로 자영업에서 시작해 크게 성장한 외식기업 대표들이다. 덕분에 자영업이나 외식업이 힘들다 하는 이야기는 주로 언론에서만 듣지, 가까이에서는 남의 나라 일처럼 여겨졌다. 이들에게 실패는 가게 하나가 적자를 보느냐 안 보느냐의 문제가 아니었다. 업계 상위권에 자리하면서도 빠르게 100개 매장으로 늘어나지 않는다거나 월 매출 '수 억'을 달성하지 못하는 일만이 그들에게는 실패였다. 하지만 점차 많은 지역과 거리에서 자칭 '골목 백종원'들을 만나게 됐고, 긴 기간 그들을 관찰하며 깨달은 것은 그 어떤 산업보다 외식업은 자기 주머니에 담은 모래가 갑자기 다이아몬드가 되기도, 어느 날은 그 반대가 되기도 한다는 사실이었다.

엄청난 현금을 만지는 사장이 갑자기 신용불량자가 되고, 매장 하나로 수백 개의 가맹점을 만든 신화적 존재가 직원을 때리거나 마약을 하는 등 불건전한 일로 기사에 나오고, 산업 전체에서 극히 몇 개조차 없는 기업상장을 하더니 곧바로 주식이 곤두박질치는 이 후지고 빈약한 외식산업을 정제할 수 있는 유일한 수단을 우리는 투자라고 생각했다. 투자를 통해 투명한 성장을 하게 되면 외식기업가들이 고집 센 애늙은이가 아닌, 반짝반짝한 보석처럼 꿈꾸고 빛나는 순수한 청년의 마음을 가지지 않을까.

알파랩이 외식업 전문의 초기 투자사, 다시 말해 엑셀러레이터를 하겠다고 마음을 먹었을 때, 2명의 초기 투자사 대표를 찾아뵐 수 있었다. 한 분은 국내 1호에 가까운 액셀러레이터인 크립톤의 양경준 대표였고 다른 한 분은 국내 푸드테크 전문 액셀러레이터이자 현재는 한국액셀러레이터 협회장을 역임하고 있는 CNTT의 전화성 대표였다. 이분들과의 미팅부터 알파랩이 국내 첫 공식 외식업 전문 액셀러레이터가 되기까지 3년이나 걸렸다. 한 분은, 전문적인 외식벤처 투자는 후속 투자 내지는 엑시트가 쉽지 않아 불가능하다며 현실을 이야기했고, 다른 한 분은 현금 흐름이 좋아 배당모델로서 충분히 가능하다는 미래를 이야기했기 때문이다. 우리가 하는 교육업과 컨설팅업은 그렇게 망설이고 주저하는 시간에 대한 조금의 명분은 만들어주었지만 우리의 커지는 꿈까지는 영원히 막을 수 없었다. 알파랩은 21년 액셀러레이터 등록 이후 2년 만에 국내에서는 사례를 찾아보기 어려운 첫 외식벤처 개인투자조합을 결성하며, 그동안 전문 투자와 외식업 투자에 선입견을 가지고 있던 이들에게 미래에는 외식업 투자에 주목해야 함을 널리 알리게 되었다.

만약 당신이 외식업에 투자한다면 은퇴 후 치킨집을 차리는 것이 아니라, 치킨프랜차이즈 회사에 투자하는 것과 같은 일이 될 것이다. 또한 한류로, 콘텐츠 산업으로 대한민국의 미래를 만들고 있는 음악산업의 멀티레이블 연예기획사들처럼 K-푸드 기획사에 투자하는 일과도 같을 것이다. 아무리 기술이 세상을 변화시키고 종말이 다가와도 마지막 가진 본능이 우릴 지배하듯, 외식 투자는 당신의 본능에 돈을 베팅하는 일이기도 하다.

끝으로, 대한민국 모든 외식기업가들은 인터뷰를 할 때 맥도널드와 같은 글로벌 기업을 '한식으로' 만드는 것이 꿈이라고 이야기한다. 투자를 통해 당신은 전 세계적으로 위대한 한국의 외식기업가를 탄생시키는 데 혁혁하게 기여할 것이다.

당신의 이 투자 수익이 근사한 고급 식당에 마주 앉은 연인에게 선물하는 빛나는 보석이 되길 바란다.

장사의 神에 투자하라

장사의 神에 투자하라

초판 1쇄 인쇄 | 2024년 11월 1일
초판 1쇄 발행 | 2024년 11월 7일

지은이 | 방수준, 이승빈, 인혜진, 정주현

발행인 | 정병철
발행처 | ㈜이든하우스출판
등 록 | 2021년 5월 7일 제2021-000134호
편 집 | 조혜정
디자인 | 스튜디오41
투 자 | 김준수

주 소 | 서울시 마포구 양화로 133 서교타워 1201호
전 화 | 02-323-1410
팩 스 | 02-6499-1411
이메일 | eden@knomad.co.kr
ISBN | 979-11-94353-04-1 (03320)

* 값은 뒤표지에 표시되어 있습니다.
* 잘못된 책은 구입하신 서점에서 바꾸어 드립니다.